LUNA NUOVA
MAGAZINE

IN QUESTO NUMERO

EDITORIALE
LE PAROLE SONO AZIONI

di Monica Casalini

Ci avviciniamo alla fine dell'anno, la fine di un anno molto complesso e altrettanto sorprendente.

Ciò che abbiamo vissuto a livello personale, ognuno di noi lo conosce alla perfezione e non è affare altrui. Ma quello che abbiamo vissuto sul piano comunitario e mondiale è certamente qualcosa che ci ha toccati tutti.

Non parlo solo della guerra, anzi delle guerre, sia chiaro, ma di ogni vicenda sociale che ha caratterizzato il 2023.

In quanto direttrice di una rivista neopagana e apolitica, mi sono sempre ripromessa di mantenere questo luogo come uno spazio imparziale, scevro da discussioni ideologiche. Per questo motivo non abbiamo mai voluto prendere una posizione su argomenti di natura bellica, sociale o politica, se non quella del totale appoggio alla pace, alla comprensione e alla tolleranza.

Chi scrive per *Luna Nuova Magazine* è una redazione fatta di studiosi e ricercatori che, in quanto tali, conoscono molto bene la storia passata, l'antropologia e tutto ciò che concerne l'azione umana, specialmente quella che si fregia della religione di appartenenza (sì, anche nel nostro piccolissimo mondo neopagano multi-correnziale). Perciò, tolte le convinzioni personali di ognuno, sappiamo bene che la risoluzione a qualsiasi conflitto, sia esso bellico, politico, ideologico, religioso, razziale, ecc., può essere risolto solo in maniera pacifica, con la comunicazione possibilmente, perché nessuna ragione personale può giustificare scontri violenti.

A proposito di comunicazione, quest'anno abbiamo assistito più che mai alla potenza dell'odio, certo, ma anche a quella delle parole, o meglio, delle etichette. Ormai lo sappiamo fin troppo bene: l'odio, così come l'amore, può essere veicolato con il sapiente impiego delle parole. Noi dovremmo saperlo più di chiunque altro quale potere si nasconde dietro all'uso del lessico.

«*Le parole sono azioni*» recita un proverbio.

Con esse possiamo creare la realtà che ci circonda, plasmarla e renderla effettiva al 100%.

Ecco perché è importante conoscere la propria lingua, chi la utilizza dai pulpiti e in che modo. Sia sul piano terreno, sia su quello etereo. Perché dobbiamo imparare a riconoscerne l'uso negativo che se ne fa, in modo da proteggerci da esso direttamente – quando cioè viene utilizzato contro di noi – e indirettamente – ovvero per colpire un pensiero in modo da ridicolizzarlo e censurarlo, privandoci del suo potenziale valore.

Lavorare spiritualmente è anche questo: far crescere la conoscenza che abbiamo del mondo reale e non soltanto dei regni sottili.

Dobbiamo lavorare con la forza che il sapere può donarci a ogni livello dell'essere e con essa costruire il mondo che vogliamo davvero.

Perché non ha alcun valore starsene nella propria bolla purificando la casa con un incenso, quando il vicino brucia la plastica in giardino.

 *Monica*

*È arrivato il solstizio invernale, il momento più importante
per ogni cultura che abbia mai calpestato il pianeta.
È la rinascita del sole, la nascita del Dio Sole, il Sol Invictus,
e finalmente possiamo tirare un sospiro di sollievo,
perché anche se oggi inizia l'inverno,
si può stare certi che, da qui a poco,
le giornate ricominceranno ad allungarsi,
preannunciando una non troppo lontana primavera.
Siamo giunti alla fine del periodo buio e si riparte con il nuovo anno.*

JOYFUL JOL!

di Monica Casalini
illustrazioni di Erika Asphodel

ODINO, SATURNO, SAN NICOLA E BABBO NATALE

La parola *Yule*, deriva da *Jol/Jul* che significa "ruota" (intesa come ruota dell'anno) e a sua volta proviene da *Jolnir*, l'antico nome di Odino, dio Padre degli Dei, il cui simbolo è appunto una ruota fatta di Rune.

Curiosamente, Odino era raffigurato come un uomo dalla folta barba bianca (in quanto dio del tempo) e con una casacca verde che rappresentava la sua natura silvana. Era Odino che con l'arrivo del nuovo anno portava i doni, quali: fertilità, abbondanza, salvezza e protezione per gli uomini.

Se fra le popolazioni c'era Odin/Wotan, tra i Romani abbiamo Saturno che, con i suoi 30 figli (i 30 giorni di dicembre sommato a lui stesso, per un totale di 31), è il dio dell'abbondanza e della ricchezza (la radice *sat-* significa proprio questo). In alcune raffigurazioni lo vediamo sbarbato e giovanile, mentre in altre sfoggia una folta barba e un manto. Saturno, insieme a Giano, sovrintendeva sul passaggio dall'anno vecchio a quello nuovo.

Senza farla tanto lunga sui vari sincretismi, a un certo punto della storia la figura del portatore di doni si è prima affiancata a San Nicola - o meglio Sant Nikolaus - (barba bianca e casacca blu), per poi divenire Santa Claus.

Intorno al XV secolo, in Gran Bretagna, appare la figura di *Father Christmas*, raffigurato con casacche di vario colore, in particolare: bianca, verde, rossa e blu. Da tutte queste figure, così simili tra loro, oggi abbiamo il nostro amato Babbo Natale.

Spesso sentiamo dire che la casacca rossa di Babbo Natale è dovuta al marchio Coca-Cola (o che è stata proprio quest'azienda a inventarlo).

Ebbene è l'ennesima leggenda metropolitana. Le origini di Babbo Natale sono antiche e ben documentate, mentre il colore rosso appare già in moltissime rappresentazioni vittoriane di Father Christmas.

La Coca-Cola non ha fatto altro che riprendere la versione in rosso perché si addiceva al proprio colore aziendale.

L'ALBERO DI NATALE, IL CEPPO DI YULE E IL CARBONE EPIFANICO

Quello che comunemente viene chiamato "albero di Natale" ha origini antichissime che si perdono tra le nebbie delle prime celebrazioni arboree indoeuroopee. Con l'arrivo del solstizio (e quindi del nuovo anno) si tagliava un grosso abete e lo si adornava di frutta, nastri, campanelle, figurine di creta, oggetti sacri fatti di ossa, piume e tutto ciò che propiziasse l'abbondanza. Lo stesso albero veniva poi "messo a riposo" fino alla primavera, quando veniva issato di nuovo, adornato con fronde fresche e altri oggetti e, infine, dato alle fiamme nei rituali primaverili.

Durante il rito notturno del solstizio venivano accesi grossi falò nel centro del paese per attirare la luce del sole rinato. La gente portava un ciocco al falò, lo faceva ardere e riportava in casa quel fuoco, col quale avrebbe poi scaldato la casa e cucinato. Il tizzone che rimaneva era poi conservato per tutto l'anno come portafortuna.

In epoche più recenti, la tradizione popolare voleva che nove giorni prima del solstizio invernale ci si procurasse un grosso ceppo di legno, ben essiccato, che sarebbe stato arso per Yule. Tale ceppo era enorme, spesso si trattava di un pezzo di tronco d'albero perché doveva bruciare per tutti e dodici i giorni di fila. Infatti esistono diverse illustrazioni d'epoca che ritraggono anche cinque o sei uomini intenti a trascinare il ceppo con delle corde. Nei grandi camini di una volta il fuoco diventava il fulcro della quotidianità domestica, in special modo nel periodo solstiziale, quando intere famiglie si riunivano per le feste.

Dalla tradizione del ceppo è nata la golosa usanza del cosiddetto "Ciocco di Natale" ovvero un dolce al cioccolato con le sembianze di un piccolo ceppo.

Un'altra tradizione legata al legno del focolare è quella del carbone: il nero dono che rappresenta la luce dopo il buio, la fertilità che nasce dalla cenere versata in terra. Anche se ai giorni nostri il carbone si regala ai bambini cattivi nel giorno della Befana, in realtà è un simbolo di protezione e abbondanza.

ORO INCENSO E MIRRA

Sin dall'antichità più remote la fumigazione di miscele di erbe e resine profumate costituiva l'offerta più adatta agli Déi di ogni cultura. Tradizione che si è mantenuta sino ai giorni nostri: l'incenso in chiesa, il sandalo nei templi induisti, il palo sacro tra i nativi americani e via dicendo.

Una miscela tipica del Medioriente è quella che conosciamo tutti attraverso le scritture bibliche: oro, incenso e mirra.

Ma l'oro? cosa c'entra un metallo con le altre due resine? I Magi avevano già portato un dono in monete d'oro, oltre ad altri oggetti di valore, quindi non avrebbe avuto alcun senso un regalo ripetuto. Secondo recenti studi si è compreso che l'oro non era il metallo prezioso (sebbene legato al culto solare), bensì una resina chiamata oro per via del suo colore giallo-arancio e anticamente utilizzata per le offerte agli Dèi precristiani.

LA QUERCIA, L'AGRIFOGLIO E LE *"JANUAE COELI"*

Secondo le credenze medievali, con il solstizio invernale è giunto il momento che il Re Agrifoglio - reggente dell'anno calante - lasci il trono al Re Quercia, il quale regnerà sulla parte luminosa dell'anno, fino al successivo solstizio estivo, quando sarà dato alle fiamme quale sacrificio del Rex Sacrificulo affinché sia assicurata l'abbondanza per il genere umano.

Il solstizio d'inverno segna anche l'apertura di una delle due Januae Coeli, ovvero le Porte del Cielo. Questa in particolare è la "Porta degli Dei", poiché il sole si sposta verso il Nord, cioè verso l'alto. In contrapposizione alla "Porta degli uomini", che invece apre la via del sole dall'alto verso il basso, cioè verso il Sud celeste.

Da notare come il termine *Janua* (che proviene dal sanscrito *ya-na*, cioé *porta*, *passaggio*) sia così simile a *Yo-hanan/Johannes* cioé a San Giovanni, patrono di porte e passaggi, proprio come il dio Giano (*Janus*). Infine da sottolineare la correlazione con Yashua/Jesus, cioè Gesù: il dio Sole degli gnostici, nonché Messia dei cristiani.

LA NATIVITÀ

Nonostante si dica che sia stato San Francesco ad allestire il primo presepe della storia, l'iconografia che lo costituisce reca chiarissimi elementi pagani:

+ il Dio-Bambino che rappresenta il Sole è l'ennesima rappresentazioni di tantissime divinità solari come Dioniso, Horus, Mitra, Zeus e molti altri.

+ la grotta, cioè: la caverna, l'antro sottoterra, l'utero di Gea dal quale tutto nasceva, le gallerie sotterranee etrusco/romane per i rituali di fertilità legati a Ceres, i culti sotterranei delle dee del grano e del pane (proprio come Maria è definita "casa del pane"). Le grotte entro cui nacquero Dioniso, Giove, Dumuzi/Tammuz, ecc.

+ Maria e san Giuseppe: la Dea vergine dei culti arcaici e il Dio fabbro che forgia dalla natura e, accanto a loro, i propri animali sacri: il bue e l'asino, rispettivamente la vacca/toro sacri alla Dea, e il Dio-Asino venerato sin dall'età egizia, quale alter ego e gemello solare di Horus, cioè Set.
E di nuovo venerato a Roma, rappresentato come un uomo con la testa d'asino legato a una croce. Non è tutto. Sebbene manchi un legame temporale con i tempi moderni, è comunque curioso constatare che in epoca romana una delle attività tradizionali dei Saturnalia (le feste solstiziali) era proprio quella di allestire una piccola mensola con le statuine dei propri avi, raffigurati con le loro caratteristiche. Ecco quindi che c'era il pastore, il fabbro, il falegname, la contadina, ecc. Mentre nelle case altolocate si allestiva con i personaggi che davano lustro alla casata: magistrati, politici, generali e addirittura divinità. Le statuine si chiamavano sigilla e il giorno a esse dedicato era il 20 dicembre, detto Sigillaria.

Prima di chiudere voglio lasciarvi con due ricette tipiche del *Wintersblot*, cioè l'offerta invernale, e una filastrocca che ho sempre amato.

Felice solstizio a tutti!

WASSAIL
Bevanda tipica del Nord Europa.

+ 4 litri di sidro di mele o di succo di mele
+ 1 arancio sbucciato a pezzetti
+ 1 limone sbucciato a pezzetti
+ 2 mandarini sbucciati a pezzetti
+ 4 stecchette di cannella
+ 1 cucchiaino di anice stellato
+ brandy o rum (opzionale per farlo alcolico)

Riscaldate il tutto in una pentola non di alluminio, possibilmente di terracotta, per circa un'ora. Quindi servite freddo.

MISTO YULE
+ 4 cucchiaini di cardamomo
+ 4 cucchiaini di chiodi di garofano
+ 4 cucchiaini di cannella
+ scorza di 2 limoni
+ scorza di 2 arance
+ 2 cucchiaini di zenzero

Tritate tutte le spezie in un macinino facendo attenzione a quando grattate la scorza degli agrumi: cercate di togliere la parte bianca sotto la buccia perché è amara.
Questo squisito misto di spezie è molto versatile e vi accompagnerà durante tutto l'inverno con il suo profumo caldo e speziato.
Potete farne bollire un cucchiaino nell'acqua che poi userete per il vostro abituale tè oppure aggiungerlo a dolci, creme, cioccolata calda al cappuccino e perfino al semplice caffè.
Preparatene un bel barattolo da tenere sempre a portata di mano.

THE HEART OF YULE
The heart of Yule is evergreen,
The old year gone, the new pristine;
The wheel again will turn to spring,
This blessed time much joy to bring.

Trad.:
Il cuore di Yule è un sempreverde,
il vecchio anno è andato, il nuovo è puro;
la Ruota (dell'anno) tornerà
ancora alla primavera,
e questo periodo benedetto
porterà tanta gioia.

ESBAT DI DICEMBRE

di Federica Bandinu & Monica Casalini

Il Plenilunio di questo mese sarà in Cancro.
Avverrà alle ore 1.32 del giorno 27 dicembre a 4°57' del segno cardinale di acqua.

NOMENCLATURA

L'Esbat di questo mese acquisisce il nome di "Luna del Freddo" per l'ovvia condizione climatica del periodo in cui ci troviamo.

Il gelo è ormai un dato di fatto in buona parte d'Europa, dunque la Luna dicembrina sottolinea le temperature tipiche dell'avvicinamento al Solstizio d'Inverno.

Non c'è da meravigliarsi, quindi, se la Luna Piena di dicembre è conosciuta anche con gli epiteti di "Luna Fredda" e di "Luna della Lunga Notte". Quest'ultimo, in particolare, si addice per due motivi: innanzi tutto perché le notti di dicembre sono le più lunghe dell'anno; in secondo luogo perché la luna piena solstiziale segue una traiettoria molto alta nel cielo, così da rimanere sopra l'orizzonte per un lasso di tempo più lungo.

In alcune zone anglosassoni il plenilunio di dicembre è chiamato "Luna di Yule", in ovvio riferimento all'antico festival di mezz'inverno.

Tra i vari popoli europei il nome di questo Esbat è maggiormente associato all'inverno e al solstizio. Qui di seguito alcuni nomi tratti dagli studi di Megan McGuire:

+ *Talvikuu (mese dell'inverno)* in antico finlandese;
+ *Midwintermaand (mese del mezz'inverno)* in olandese;
+ *Wintermoanne (mese dell'inverno)* in frisiano;
+ *Nivôse (mese della neve)* in francese repubblicano;
+ *Frermanudr (mese ghiacciato)* in islandese;
+ *Gruden (terra nella morsa del freddo)* in sloveno;
+ *Prosinac (l'arrivo del sole splendente)* in croato;
+ *Rhagfyr (prima del giorno più corto)* in gallese;
+ *Dubhlachd (oscurità, tenebra)* in gaelico scozzese.

MITO

Karkìnos, il gigantesco granchio che si aggira per la palude di Lerna, un giorno viene scelto da Era per una missione.

La moglie di Zeus gli chiede di andare in aiuto dell'Idra, che sta combattendo contro Eracle.

Si tratta infatti della seconda tra le fatiche dell'eroe greco, quella che lo vede fronteggiare la creatura dalle molte teste. Karkìnos approfitta di un momento di debolezza del guerriero e gli pizzica un tallone. Eracle adirato lo schiaccia e la corazza del crostaceo va in mille pezzi, causandone la morte. Era in segno di riconoscenza creerà in cielo la costellazione del Cancro per consacrarne la figura eroica.

ENERGIE DEL MOMENTO

Giove e Saturno sosterranno le energie di questa Luna Piena legata ai temi della maternità, dell'accudimento e della cura.

I due pianeti lenti appoggiano una lunazione che altrimenti sarebbe un po' destabilizzata dalla presenza di Mercurio retrogrado in congiunzio-

ne a Marte e in quadratura a Nettuno.
Ha caratteristiche legate al rispetto della tradizione questo Plenilunio, non solo per la vicinanza alla festività del Natale, ma anche per l'atmosfera di quiete un po' austera che si percepirà nelle giornate dopo il Solstizio di Inverno.
La qualità delle energie del momento conferisce stabilità in una fase che diversamente potrebbe risultare un po' frenetica.
Tradizionalmente la Luna di dicembre è solitamente associata al riposo e al convivio famigliare, non solo per le festività solstiziali, ma proprio per un senso di ritrovata armonia attorno al focolare domestico in un periodo in cui i lavori agricoli erano ormai del tutto terminati.
Naturalmente questo non vale per noi moderni che, invece, siamo costretti a lavorare a prescindere dalla stagione, sempre più distanti dai suoi ritmi. Tuttavia possiamo godere delle festività e del calore che esse ci donano, rifocillando la nostra anima e la nostra mente.

Questa è una Luna che ben si adatta alla nostra riconnessione con ciò che è davvero importante, non solo per noi stessi come individui, ma soprattutto per il nostro ruolo in quella piccola grande comunità che chiamiamo famiglia.

PER COSA È CONSIGLIATA QUESTA LUNA
per riunirsi con i familiari e le persone amate, per celebrare gli affetti, per ricordarsi che l'esistenza di ognuno di noi non è da dare per scontata, per rammentare che il dono più grande che gli altri possono farci è quello della loro presenza.

PER COSA È SCONSIGLIATA QUESTA LUNA
per viaggiare, per ricevere notizie e comunicazioni rispetto a mezzi di trasporto (treni, traghetti e crociere, aerei, etc.), per prendere accordi con collaboratori o colleghi. •

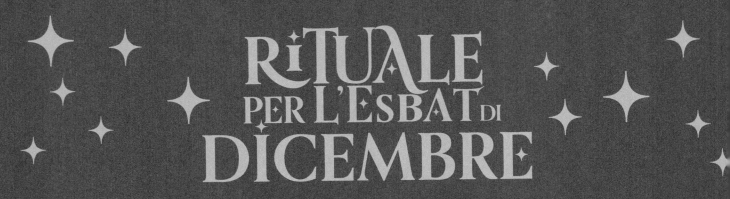

RITUALE PER L'ESBAT DI DICEMBRE

Con l'esbat di questo mese cercheremo di armonizzare e rinsaldare i legami famigliari.
A seconda delle esigenze si potrà estendere il rito non solo relativamente al nucleo di nascita, ma anche ai famigliari più lontani, con cui vorremmo legare di più.
Ricordate sempre, però, che dopo la parte rituale deve seguire quella pratica, ovvero la messa in atto dei propositi che si vuole attuare e ottenere.

OCCORRENTE

+ Una candela per ogni componente della famiglia
+ Un "dono" scritto per ognuno di essi e un auspicio per voi
+ Un oggetto che faccia da legame (cordino, un nastro, ecc.)
+ Una foto di famiglia (facoltativa)

PROCEDIMENTO

Date inizio al rito come da vostra consuetudine.
Create un cerchio con le candele, facendo attenzione a porre quella che vi rappresenta davanti a voi.
Al centro di esse ponete la foto di famiglia (se c'è) e un piatto che accolga i bigliettini con i doni per i vostri famigliari. Fate attenzione a cosa scriverete sui bigliettini perché il cosiddetto "dono" dovrà essere qualcosa che sentite affine a ognuno di loro, che si tratti di amore, stabilità, superamento di una situazione e via dicendo.
Pensate bene anche al vostro auspicio: cosa volete diventare per la famiglia? Qual è il vostro posto? Cosa potete fare materialmente, nella vita di tutti i giorni, per saldare e migliorare i rapporti? La risposta scrivetela sul vostro biglietto.
Piegate ogni biglietto e metteteli sotto alle candele. Accendetele pensando a ognuna come a un componente della famiglia.
Ora prendete il legame e passatelo sopra a ogni fiamma, poi ponetelo intorno al cerchio di candele in modo da contenerle tutte. Fate un nodo per chiudere il cerchio.
Lasciate consumare le candele fino alla fine.
Smaltite appropriatamente.

NOTE
Vista la natura del rito e il conseguente smaltimento, vi consiglio di utilizzare candele di soia o di cera d'api, meglio se si tratta di candele piccole e di breve durata.

ATTENZIONE: Non lasciate mai le candele accese incustodite: dato che al di sotto c'è della carta, potrebbe prendere fuoco.

Buona Luna

ALMANACCO LUNARE   ALMANACCO CELESTE

	Almanacco Lunare	Almanacco Celeste
1	Congiunzione con Polluce	
2	Congiunzione con Presepe	
3		
4	Apogeo e congiunzione con Regolo	Mercurio in massima elongazione Est
5	☽ Ultimo Quarto	
6		
7		Marte in congiunzione con Antares
8	Nodo Discendente e congiunzione con Spica	
9	Congiunzione con Venere	
10		
11		
12	Congiunzione con Marte e Antares	
13	● Luna Nuova	Mercurio retrogrado
14	Congiunzione con Mercurio	Culmine delle Geminidi
15		
16	Perigeo	
17	Congiunzione con Saturno	
18		
19	☾ Primo quarto e congiunzione con Nettuno	
20		Mercurio in perielio
21	Nodo ascendente	
22	Congiunzione con Giove	Solstizio d'Inverno
23	Congiunzione con Urano	
24	Congiunzione con le Pleiadi	
25		
26		
27	○ Luna Piena	
28	Congiunzione con Polluce	Mercurio in congiunzione con Marte
29	Congiunzione con Presepe	
30		
31	Congiunzione con Regolo	

ALMANACCO
DI DICEMBRE

Eccoci all'ultimo mese dell'anno, il mese che segna la fine del buio e la rinascita della luce. Dicembre è il mese in cui le feste di luce e di buio si susseguono all'infinito, ricordandoci che non c'è luce senza ombra. L'almanacco è quindi strutturato in questo modo, sin da tempi antichissimi, volto a mostrarci quanto il nostro passato sia ancora tanto presente.
Il nome di dicembre, che evoca il numero 10, si deve al fatto che al tempo del calendario di Numa l'anno iniziava a marzo e, dunque, questo era il decimo mese.

1 **Orbona.** Il primo giorno del mese, a Roma, si facevano onori alla dea infera **Orbona**, matrona e protettrice dei bambini.

2 *"Se piove per Santa Bibiana, dura quaranta dì e una settimana".* Ecco uno dei tanti proverbi climatici che riprendono il concetto dei famosi 40 giorni.

4 **Santa Barbara.** Il suo mito è legato principalmente al fuoco solare e alla potenza divina. Sebbene sia una figura acquisita-costruita dalla Chiesa Cattolica, le sue numerose caratteristiche tradiscono un'eredità precristiana molto forte.

5 **Notte di San Nicola e il Krampus.** In buona parte d'Europa è in questa notte che un antico Babbo Natale porta i doni ai bambini buoni nella notte tra il 5 e il 6 dicembre. Ma al posto del carbone, a quelli cattivi viene riservata una sorte piuttosto brutale: il demone Krampus li rapisce, portandoli via dalla famiglia per sempre.

7 **Rogo del Diavolo.** In Guatemala la tradizione vuole che un fantoccio che rappresenta il Diavolo, venga dato alle fiamme. Il significato è nascosto tra le pieghe degli antichi falò solstiziali, affinché la luce del sole e la forza salvifica tornassero il prima possibile.

8 **Addobbo dell'Albero.** È tradizionalmente il giorno in cui si addobba l'albero di Natale, cioè in occasione della data in cui la Vergine Maria venne concepita (sebbene non ci siano legami religiosi tra le due cose, ma solo la comodità di un giorno in cui non si lavora). L'albero è un simbolo antico legato alla fertilità e alla rinascita del dio Sole.

13 **Santa Lucia.** Altra ricorrenza europea, saldamente legata ai riti propiziatori del solstizio. Il proverbio recita *"il giorno più corto che ci sia"*, poiché formulato al tempo del calendario Giuliano, quando c'erano ancora i famosi undici giorni di scarto con l'anno solare, dunque, la notte del solstizio cadeva in anticipo.

17 **Saturnalia.** Iniziavano oggi, a Roma, i sette giorni di feste solstiziali in onore di Saturno, dio agricolo e legato allo scorrere del tempo. Durante i Saturnalia si tenevano sontuosi banchetti, gare, spettacoli, orge e ogni tipo di sovvertimento dell'ordine.

20 **Dodici Notti.** Nel mondo norreno le **Dodici Notti** sono un lasso di tempo sacro che preannucia no cosa accadrà nei mesi dall'anno venturo. Ogni notte è dedicata a una o più divinità e si ritualizzano particolari offerte. L'ultima, quella del 31, è in onore di tutti gli Dèi.

21 *"Per San Tommè, cresce il dì quando il gallo alza un piè".* Questo proverbio ci ricorda che, con il Solstizio d'Inverno, le giornate iniziano ad allungarsi impercettibilmente, ogni giorno di più.

22 **Solstizio d'Inverno.** Quest'anno il solstizio cade il 22 dicembre. Le origini della festa vanno ricercate tra i popoli indoeuropei che solevano ritualizzare addobbando alberi, scambiandosi doni e accendendo falò per attrarre sulla Terra la sacra luce del Sole.

25 Dies Natalis Solis Invicti. A Roma oggi si celebrava la nascita del dio Sole. In questa occasione il suo epiteto lo definiva "invincibile" in quanto sceso negli inferi e risorto, di anno in anno, eternamente.

31 Ultimo giorno dell'anno. Le feste a cui siamo abituati a partecipare sembrano moderne e attuali. Anticamente il solstizio segnava l'arrivo del nuovo anno, perciò: la musica, i cenoni, gli botti, i fuochi d'artificio e la veglia fino a tarda notte, sono semplicemente l'eredità gesti arcaici ritualizzati dai nostri antenati migliaia di anni fa con banchetti, tamburi, falò e danze che si protraevano fino all'alba.

TEMPO BALSAMICO

Arancio amaro, arancio dolce, garofano, cedro atlantico, corbezzolo, limone, mandarino, mirto, prezzemolo, rosmarino, sassifraga.

STELLARIUM

Complici le costellazioni invernali, che occupano il quadrante celeste sud-orientale, il cielo di Dicembre è particolarmente ricco di stelle brillanti. Partendo dallo zenit, dove spicca la costellazione del Perseo, ecco la stella Capella dell'Auriga andando verso Est e più sotto Aldebaran del Toro. Alla sinistra di queste, Castore e Polluce dei Gemelli e quindi, verso Sud, Betelgeuse e Rigel della costellazione di Orione. Ritornando verso Est, ecco Procione del Cane Minore e sotto, a Sud-Est, la brillante Sirio, la stella più luminosa del cielo, del Cane Maggiore. Spostandoci verso Ovest, ecco la costellazione di Eridano che si sviluppa in maniera tortuosa dai piedi di Orione fino a Sud. Alla destra di essa, sempre verso Ovest, la Balena e l'Acquario. Nel versante occidentale le costellazioni autunnali con il Cigno, a partire da Nord-Ovest, Andromeda, Pegaso e Pesci. A Nord dello zenit troviamo invece Cassiopeia, Cefeo e il Drago. Chiudono la rassegna celeste l'Orsa Maggiore e l'Orsa Minore che si mostrano a perpendicolo rispetto all'orizzonte.
Tratto da Astronomia.cloud

✦ PREPARAZIONI MAGICHE ✦
I GIORNI MIGLIORI DI DICEMBRE

+ **Oli, oleoliti, balsami, unguenti:** 4, 11
+ **Marmellate, sciroppi, tisane:** 13, 15, 17, 18
+ **Incensi e mazzetti da fumigazione:** 20, 22, 24, 25, 26
+ **Sali:** 4, 5, 6, 14, 15, 22, 23, 31
+ **Aura spray:** 1, 9, 10, 18, 19, 27, 28
+ **Elisir di Luna:** novilunio il 13, plenilunio il 27.

LE PIETRE PER IL NOVILUNIO

Sconsigliato l'utilizzo.

LE PIETRE PER IL PLENILUNIO

La pietra consigliata è il quarzo ialino.

ABETE ROSSO

(PICEA ABIES)

di Cecilia Tanghetti & Valentina Frer

Basionimo: *Pinus abies*

Altri sinonimi: *Picea excelsa, Picea vulgaris*

Famiglia: *Pinaceae.*

Genere: *Picea.*
Il nome del genere latino *Picea* deriva dal nome latino del pino, citato da Plinio il Vecchio.
L'epiteto specifico *abies* deriva dal latino *ăbĭes, abietis* che significa proprio *abete.*

Descrizione: grande albero sempreverde a portamento piramidale che può raggiungere i 50 metri. La corteccia è rossastra nelle piante giovani, formata da squame membranacee; nelle piante adulte si forma un ritidoma di poco spessore, di colore grigio-brunastro formato da placche irregolari o rotonde.
Gli aghi, sono lunghi da 15 a 25 mm, sono a sezione tetragonale, di colore verde scuro, sono inseriti singolarmente sul ramo e si dispongono a 360°.
Le infiorescenze sono formate da coni di due tipi: i conetti maschili piccoli e sottili, producono il polline sottoforma di una polvere gialla. Si trovano generalmente all'apice dei rametti dell'anno precedente e nel terzo superiore della chioma.

I conetti femminili si trovano all'apice dei rametti laterali nella parte più alta della chioma, sono sessili, cilindrici e di colore rosso cupo, eretti fino alla fecondazione, poi penduli.
Alla loro maturazione i semi, forniti di un'ala membranosa che ne facilita la disseminazione, fuoriescono dalle squame dei coni e cadono a terra.

Dove cresce: è molto diffuso nella zona montana, dagli 800 ai 2000 m.
In tutto l'arco alpino forma boschi estesi.

Cosa si utilizza: gemme, aghi e pigne verdi.

Quando si raccoglie: gli aghi si possono raccogliere tutto l'anno, le gemme in aprile e maggio, le pigne a maggio e giugno.

Princìpi attivi: principalmente olio essenziale, resine, tannini. Per ottenere 1 kg di olio essenziale occorrono circa 133 kg di aghi e cime.

Proprietà: balsamiche, espettoranti, antisettiche, diuretiche, rubefacenti.

Indicazioni: ottimo per tutte le patologie da raffreddamento e per ridurre i sintomi legati a malattie reumatiche.

Utilizzo culinario: le giovani gemme sono ottime per creare un pesto fresco e dal gusto che ricorda gli agrumi. Con le giovani gemme si possono anche aromatizzare il burro o formaggi spalmabili.

Gli aghi possono essere essiccati e polverizzati per ottenere una spezia da aggiungere in preparazioni dolci e salate. Con gli aghi, le pigne verdi e le gemme si possono fare anche sciroppi, liquori, oli aromatizzati. Con i rami si può ottenere un brodo per fare un risotto dal profumo di bosco. Attenzione a non esagerare però con le diverse preparazioni, perché il gusto è molto balsamico, con punte di amaro.

Utilizzo esterno: per avere un effetto benefico sulla circolazione e per disinfettare potete fare un decotto molto concentrato con 5 g di aghi freschi o secchi ogni 100 ml di acqua e fare degli impacchi nelle zone che volete trattare. L'olio essenziale ha un'indicazione specifica per i problemi respiratori, vaporizzato nell'ambiente ha un'azione balsamica, antinfiammatoria e espettorante. In Aromaterapia trova indicazione per inalazione anche per alleviare sintomi da stress psico-fisico, svolgendo un'azione come tonico e stimolante. Conosciuto fin dall'antichità per le sue proprietà antireumatiche, febbrifughe e per il trattamento delle vie respiratorie.

Utilizzo interno: in caso di disturbi dell'apparato respiratorio si può fare un decotto con 2 g di aghi freschi o secchi ogni 100 ml di acqua, una tazza due volte al giorno. Il peso tra aghi secchi e freschi non cambia molto in quanto la percentuale acquosa è minima.

Curiosità: iil legno ha ottime proprietà di amplificazione del suono e, per questa ragione, viene utilizzato nella costruzione degli strumenti a corda. Dalla corteccia dell'abete rosso si rica-

vano i tannini e dalla resina si ricava la "*Resina di Borgogna*" e la "*Trementina di Strasburgo*".
Il legno è di colore giallognolo, è poco pesante ed è tenero, formato da fibre lunghe, è facilmente lavorabile perciò largamente impiegato in falegnameria anche se non è molto pregiato e tende a deteriorarsi facilmente se non trattato.
Il legno del peccio ha inoltre, un forte potere calorifico, dato dalla resina che contiene, ed è superiore anche al faggio, alle querce ed al carpino.

25. Picea excelsa Link. Fichte, Rot- oder Pechtanne.

Immagine generata con AI

Foklore: Stretto parente dell'abete bianco, il quale è conosciuto nell'alfabeto arboreo druidico come ailm, questa imponente creatura boschiva dalla corteccia grigio-rossastra ne condivide molti tratti folcloristici e magici. Come molti altri sempreverde esso ben rappresenta l'immortalità ed ha ispirato nei millenni molteplici popolazioni ad ergerlo come albero sacro, simbolo di protezione femminile e fecondità.

L'abete è considerato fra molte popolazioni dell'Asia settentrionale un Albero cosmico che si erge al centro dell'universo. Secondo alcuni miti un enorme abete fuoriesce dall'ombelico della Terra, collega cielo, terra ed inferi raggiungendo Bai-Ulgän, la divinità protettrice.

L'usanza popolare di addobbare l'albero per le festività solstiziali deriva da una antica tradizione germanica secondo la quale poco prima delle feste solstiziali era necessario recarsi nel bosco a tagliare un abete per portarlo a casa e decorarlo con simboli solari come arance e piccole candele. Nei paesi latini questa usanza venne introdotta nel 1840 dalla principessa Elena di Mecklenburg, moglie del duca di Orléans, figlio di Luigi Filippo. Ella infatti volle allestire un albero di Natale, favorendo così la nascita di una nuova tradizione cristiana in cui l'abete solare avrebbe rappresentato la nascita di Cristo.

Una tradizione popolare svizzera vuole che il Genio delle foreste abitasse proprio in un vecchio abete; scelta dovuta dato che è uno degli alberi più imponenti che abitino le Alpi. Questa entità silvestre vegliava sul bestiame e favoriva l'abbondanza di cibi per le comunità rurali.

Il martedì grasso, nelle zone di Hannover, le donne usavano battersi con rami d'abete per propiziare la fecondità; usanza molto simile a quella dei Lupercalia romani, quando a metà febbraio esse venivano percosse ritualmente con strisce di pelli di capra atte ad ottenere lo stesso scopo.

IL CEPPO DI YULE

In alcune zone dell'Italia è ancora viva la tradizione del Ceppo o Ciocco, detto di Natale, con molteplici varianti in base ai dialetti locali; süc in Piemonte, zóch nel Trevigiano, sòc nell'area del bresciano e bergamasco e così via.

Questa usanza si dice serva a tenere ben caldo il Bambinello neonato, e andrebbe possibilmente riacceso per tutte le notti successive alla vigilia di Natale, sino all'arrivo dell'Epifania, giorno in cui i tre Magi portarono i doni al figlio divino. Inutile dire che la tradizione derivi direttamente da epoche precristiane, in cui si alimentava un fuoco rituale atto a tenere in vita la luce solare proprio nel momento in cui le ore di buio hanno la meglio su quelle di luce ed, almeno in apparenza, il sole si arresta nel cielo nei tre giorni successivi al solstizio, prima di ricominciare il suo percorso verso giornate sempre più luminose.

Una volta bruciato era usanza spargere le ceneri nei campi come protezione delle semine dalle intemperie invernali.

In molte tradizioni è considerato un albero di protezione. Le sue foglie e la sua resina possono essere utilizzate per creare incensi o amuleti per proteggere la casa o l'individuo da influenze negative, malattie alle vie respiratorie e come purificatore degli ambienti chiusi grazie alle sue naturali proprietà antisettiche. Analogamente trova la sua naturale collocazione in rituali di purificazione degli ambienti domestici o utilizzati per pulire e benedire oggetti rituali.

Il suo legname veniva preferito fra tanti altri per la costruzione di scafi navali poichè era sacro a Poseidone, il quale ne garantiva la protezione durante le burrasche. Si dice inoltre che portare con sé un poco della sua resina protegga da negatività e dalla furia marina. È possibile onorare il dio dei mari ponendo sull'altare un poco di questo legno o qualche ciuffo della sua chioma. Altresì è possibile usarlo in miscele atte alla fumigazione con lo stesso scopo.

In alcune regioni europee, si credeva che piantare un abete rosso vicino a casa potesse proteggere gli abitanti dalla stregoneria e dai malefici. L'albero era infatti considerato un guardiano contro le forze oscure e veniva spesso piantato vicino all'ingresso o alle finestre.

Le decorazioni fatte con aghi di abete rosso, come ghirlande e corone, venivano spesso utilizzate come amuleti protettivi nelle abitazioni. Si credeva che queste decorazioni tenessero lontane le energie negative e portassero fortuna.

In cucina le sue foglie possono essere utilizzate fresche oppure essiccate e trovano il loro utilizzo sia in preparazioni dolci che salate. ◆

Photo by Stephane Juban on Unsplash

21

Biscotti di Yule

- 300 g di farina
- 100 g di zucchero moscovado
- 1/2 cucchiaino di cannella
- 70 g di aghetti di abete rosso
- 1 cucchiaino di polvere di buccia di arancia
- 1/2 bustina di lievito per dolci
- 250 g di latte di mandorle
- 140 ml di olio di vinacciolo

PREPARAZIONE

Fate essiccare la buccia di un'arancia biologica e tritatela finemente con un macinacaffè o sminuzzatela con un coltello o un robot da cucina. Sciacquate e sminuzzate grossolanamente gli aghetti e mescolateli alla buccia d'arancia e alla cannella.

Preparate la pasta frolla impastando fra loro tutti gli ingredienti.

Proseguite fino a ottenere un impasto omogeneo e per niente appiccicoso. In caso servisse aggiungete un poco di farina.

Formate una palla, avvolgetela nella pellicola da cucina e lasciatela riposare in frigorifero per almeno 30 minuti.

Stendete l'impasto e tagliatelo come meglio desiderate.

Disponete i biscotti in una placca foderata di carta da forno e riponeteli in frigorifero per circa mezz'ora.

Infornate a 170 °C per una decina di minuti.

Lasciate raffreddare completamente prima di levare i biscotti dalla teglia.

Felice Yule!

IL GRANATO
UN DONO DI YULE

di Gamaliele Vaccari

Immaginate di attraversare una landa desolata e coperta dalla neve. Il cielo è dello stesso colore del campo, comincia a fare buio e tutto ci parla dei colori bianchi, grigi e freddi. La forza di riuscire ad andare avanti si esaurisce sempre di più ad ogni passo. I pochi alberi attorno manifestano la sottrazione pungente di questo periodo dell'anno, ma una di queste, in lontananza, sembra avere qualcosa di diverso.

Una volta corsi con le poche forze rimaste e arrivati sotto le sue fronde nere e senza foglie vedete che, appesi, ci sono dei frutti grandi e rossi. Sembra la cosa più bella che abbiate mai visto e tale bellezza si trasforma in una esplosione di gratitudine e ribollire di energia vitale perché, avendolo colto e poi impazientemente aperto, ne scoprite l'interno composto da tanti piccoli grani succosi e rossi. Ogni chicco che mangiate vi porta sempre più vigore, denso e dolce, quello che sembrava pesante diventa leggero e potenzialmente sfruttabile per una nuova forza e nuova spinta verso il vostro viaggio. Penserete subito a un albero da frutto come il melograno e sareste sulla buona strada, ma se vi dicessi che la stessa efficacia a livello energetico e cromatico la riesce a donare anche una pietra? Parliamo di un minerale molto generoso tanto da trovarsi sparso in quasi tutta l'Africa, l'America e l'Europa. La sua generosità si manifesta anche nella ricca famiglia della quale è composto, ovvero quella dei nesosilicati che contano solo tredici componenti principali, per non considerare il resto.

In antichità era una pietra preziosa molto utilizzata per scopi magici, protettivi e lo si ritrova molto spesso in gioielli come quelli di fattura merovingia. Nel Medioevo veniva anche chiamato carbonchio insieme ad altre pietre e minerali di colore rosso intenso. Nel 1262 troviamo un nome a questa pietra più specifico nell'opera *"De Mineralibus"* dove il filosofo e teologo tedesco Alberto Magno lo chiama *malum granatum*.

Vi sto parlando esattamente di una pietra che non ha solo come assonanza una pianta, ma anche le sue proprietà interne di attingere dall'energia della terra, dal basso, dall'unione perpetua di calcio, magnesio e ferro, dalla sua insostituibile stabilità geometrica, per restituire gratuitamente, a chi necessita, nuovo vigore in un momento difficile, anche se siamo in un periodo avverso. Tale è la pianta di melograno che riesce ancora, nonostante il gelo, a dare i suoi frutti ricchi di nutrimento e a restare ancorata nel profondo tepore della terra, quanto il granato può manifestarsi un vero e proprio dono. Come un frutto della terra, anche lui emana potente forza di colore rosso, riscaldando tutto il nostro primo chakra, in un fervente movimento vitale fino a toccare i campi della nostra stessa circolazione sanguigna. Questa meravigliosa sensazione la possiamo ascoltare specialmente con i granati *Almandino* e *Piropo* poiché sono di un intenso colore rosso acceso. Unica accortezza a tal proposito sarebbe di non dare tale pietra a chi già di cuore è suscettibile nella pressione essendo, insieme all'ematite, un prodigioso stimolante.

Il granato può anche definirsi un ottimo rimedio e ausilio sul quale poter fare affidamento per risollevarsi da stati di forte malattia e di depressione. Come l'opprimente inverno, anche alcuni nostri stati d'animo possono assumere tali sembianze; il granato può facilitare lo scioglimento di quei ghiacci che ci attanagliano per dare potere, ma anche riconsiderare che non tutte le energie dense e di natura bassa possono essere solo pesanti, bensì eccellenti fonti di movimento primordiale ed essenziale. Sentire questo aspetto del granato è di grande importanza perché ci ritroveremo in piena capacità strategica, con nuove energie, nuovi modi di sentire e pianificare la riuscita di fronte a qualsivoglia ostacolo. Quasi come poter disporre di un vero regalo, di un desiderio che prende forma rendendoci più capaci e responsabili, riempiendo noi stessi e rendendoci in grado di donarci proprio come quella pianta dai frutti desiderabili. Quale pietra potrebbe essere più adatta se non il granato?

Questi ultimi periodi possono definirsi come un inverno impietoso che non ha risparmiato nessuno. Le infinite problematiche e difficoltà possono aver fiaccato la nostra principale capacità di continuare a esistere pacificamente e magari averci reso delle persone in balia della cruda sopravvivenza, come il campo desolato descritto all'inizio. Questo può portarci sempre di più negli artigli del gelo, anche solo come sensazione o paura di sentirci permeabili, vulnerabili, senza capacità di slancio, praticamente bloccati. In noi risiede quella parte che mai rinuncerà al proprio bene, vero, genuino e anche al bene del prossimo: questo è ciò che il granato risveglia in concomitanza con la festività di Yule.

Possa questa generosa pietra essere un vero modo di sentire profondamente il senso della fe-

stività solstiziale, non soltanto come una mera distribuzione di regali, materialismo e mercificazione, ma sentendo la pienezza del calore, anche nell'invernale paesaggio emotivo attuale, diventando noi quella pianta capace di trarre il fuoco dalla profondità terrestre e di distribuirlo in maniera disinteressata ad altri.

PAROLE CHIAVE:

Energizzazione fisica e spirituale, dona calore, sostiene lo sforzo, ravviva l'energia di base, favorisce il superamento della depressione.

PER CHI:

+ Per chi ha bisogno di più energia;
+ Per chi si sente bloccato ed incapace di andare avanti nella propria vita per mancanza di forze;
+ Per chi si sente fragile e permeabile e desidera ritrovare slancio, forza e coraggio;
+ Per chi esce dalla depressione o da una lunga malattia per stimolare l'energia vitale;
+ Per chi ha freddo, poiché la sensazione di avere sempre freddo nasconde un chakra rosso indebolito. +

QUI E ORA: UN TEMPO PREZIOSO

di Thordis Elena Salatin

Immagine generata con AI

Siamo prossimi al solstizio d'inverno, le giornate contano il minor numero di ore di luce di tutto l'anno e possono sembrare "più corte". Ovviamente il tempo di rotazione del pianeta in cui viviamo non varia, ma la percezione personale è tutt'altra cosa.

C'è un motivo se noi percepiamo questi giorni come i più corti dell'anno: le nostre memorie ancestrali ci ricordano che questo è il tempo del riposo. Noi esseri umani moderni, però, sappiamo bene che al giorno d'oggi non ci si può mai fermare: il lavoro, le commissioni, le scadenze da rispettare, la scuola, le amicizie, i parenti, la salute... insomma abbiamo davvero troppo da fare per poterci riposare!
Ma siamo davvero sicuri che sia così?

Le società contemporanee, specialmente quelle definite "occidentali", spingono fin troppo le persone a vivere un tempo lineare anziché ciclico, ma il nostro corpo vive una realtà diversa.

Correre sempre e comunque, in ugual misura, durante tutto il tempo dell'anno è un'imposizione, i nostri corpi percepiscono il cambio delle stagioni e spesso cercano di ricordarcelo.

Il caldo o il freddo fuori stagione ci fa star male perché i nostri corpi e i nostri bioritmi, reagiscono al rapporto luce e buio dei diversi periodi dell'anno.

Così ci ritroviamo a essere stanchi, nervosi, facciamo fatica a dormire, ecc. (ogni persona percepisce e manifesta in maniera soggettiva il disagio), ma non riusciamo a capirne la causa.

Naturalmente lo stress, a cui molti di noi sono sottoposti quotidianamente, ha un ruolo decisamente importante su tutti questi fattori e aggiungerci sopra anche il fattore stagionale sicuramente non aiuta.

Come fare quindi per limitare o ridurre questi effetti?

Armonizzarsi, o meglio ri-armonizzarsi, con il ciclo stagionale può essere un ottimo inizio.

Ci sono molte vie, tecniche e discipline che possono esserci d'aiuto in questo; io seguo la ruota dell'anno neopagana, con le sue otto celebrazioni, e integro a essa le energie runiche che si manifestano ogni due settimane circa.

Dicembre è il mese di Isa e Jera, due rune che apparentemente esprimono concetti opposti ma che, come vedremo, in realtà sono una a sostegno dell'altra.

Come abbiamo visto il mese scorso, *Isa* significa *"ghiaccio"*, che ci fa subito pensare all'immobilità; *Jera* invece significa *"anno"* e ha quindi un'accezione mobile che richiama lo scorrere del tempo.

Isa ci parla di centratura e ci invita a liberarci di tutto *ciò* che non è strettamente legato alla nostra parte più essenziale (trovo questo concetto molto ben espresso nel film di animazione *"Le 5 leggende"* che vi consiglio di vedere).

In questo modo potremmo esprimere ciò che siamo realmente, senza distrazioni o fraintendimenti.

L'autunno che si approssima all'inverno è sicuramente il periodo dell'anno che più ci può aiutare in questo: basta osservare la natura attor-

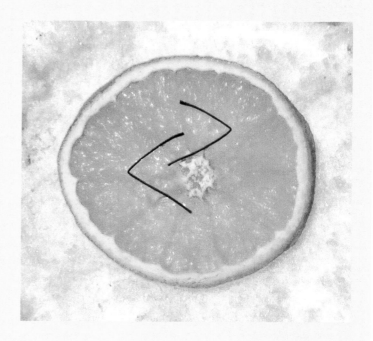

no a noi. Gli alberi sono ormai spogli, essi non temono di liberarsi delle foglie perché "sanno" che esse continueranno il loro ciclo separate da chi le ha nutrite e sostenute, ma anche l'albero in questo modo potrà continuare a vivere così come succede a tutta la natura di questo pianeta.

Si tratta di cicli e di diverse fasi della vita, se le ignoriamo finiremo inevitabilmente fuori strada.

Ritrovare la capacità dello stare nel qui e ora può davvero aiutarci a migliorare il nostro tenore di vita.

Molto dello stress che accumuliamo, infatti, nasce dall'incertezza del futuro, su cui abbiamo comunque relativamente poco controllo, e dai rancori o rimorsi che ci portiamo dal passato, sui quali possiamo sicuramente lavorare per lasciarli finalmente andare e liberaci dal loro peso. Quando avremo ritrovato la nostra vera essenza potremo agire attraverso la vita con più consapevolezza. Come ho scritto sopra, questo è il tempo del riposo, ma ciò non significa rimanere inermi attendendo l'arrivo della primavera ed è qui che entra in gioco la runa successiva.

Jera significa "*anno*" o "*buon raccolto*", si trova a metà della ruota runica e si manifesta nel periodo in cui avviene il solstizio d'inverno.

La stessa natura del solstizio, l'apparente stasi di 3 giorni del sole, sembra richiamare l'energia di questa Runa: la pazienza di attendere che i cicli si compiano.

Gli antichi popoli norreni celebravano in questo periodo col nome di Jòl ovvero quella che oggi è diventata, nella moderna ruota dell'anno, la celebrazione di Yule. Di questa celebrazione non ci è arrivato molto ma sappiamo che era un periodo di riposo in cui si banchettava e venivano compiuti dei sacrifici, soprattutto di suini, offerti al Dio Freyr. Si chiedevano terreni fertili per la prossima stagione. Durante queste giornate la comunità si riuniva e venivano compiuti rituali e giochi tradizionali.

Se ben guardiamo, questo non è molto diverso da ciò che fanno molte persone nei giorni a ridosso del solstizio invernale.

Cosa è cambiato allora?

Credo che quasi tutti abbiamo sentito la frase "il periodo delle feste è quello più stressante" e sicuramente tutti sappiamo a cosa ci si riferisce. Paradossalmente è il periodo dell'anno in cui si tende a correre ancora di più tra commissioni, visite ad amici e parenti e quella che forse è l'ansia più grande di questo periodo: l'acquisto dei regali.

Ma questo è il periodo dell'attesa, i nostri antenati lo sapevano bene, un'attesa sulla quale non abbiamo modo di intervenire: l'attesa che il sole continui il suo moto perpetuo e le ore di luce aumentino gradualmente.

Immaginate di trovarvi in nord Europa qualche migliaio di anni fa.

Sicuramente il clima era decisamente rigido, molto probabilmente a terra c'era parecchia neve che rendeva difficili gli spostamenti e le ore di luce erano davvero molto poche in questo periodo (a seconda della latitudine possono variare da poche a quasi assenti) e il buio, si sa, è davvero molto pericoloso ed è meglio non avventurarcisi se non è strettamente necessario.

I popoli antichi, quindi, probabilmente passavano la maggior parte del tempo all'interno delle proprie abitazioni, ma attenzione: non se ne stavano lì con le mani in mano, c'è molto da fare anche in questo periodo.

L'attesa di Jera non è l'immobilità di Isa.

Non abbiamo potere sui moti di rotazione degli astri ma possiamo decisamente scegliere come occupare il nostro tempo. È qui che Isa può aiutarci a fare cernita di tutto ciò che non ci è essenziale; ed è qui che Jera ci può suggerire di occupare il nostro tempo in maniera utile, prima di tutto, a noi stessi. L'inverno è un periodo adatto alla riflessione e all'introspezione, per cui fermiamoci un attimo, diamo uno sguardo alla nostra vita.

Cosa stiamo facendo?

Perché siamo sempre così affannati?

Perché tendiamo a voler tutto e subito?

La natura segue i suoi tempi, perché noi no?

Quali sono le cose davvero importanti di cui posso occuparmi qui ed ora mentre attendo che la ruota stagionale proceda?

Capire quali sono per noi le cose più importanti, può regalarci una sensazione di pace e serenità. Imparare a declinare gli inviti che avremmo accettato solo per buona educazione o per abitudine culturale può togliere il disagio che proviamo quando partecipiamo a questi eventi. Allo stesso modo scegliamo con cura chi vogliamo invitare nel nostro spazio e quando. Selezioniamo con cura anche le persone a cui fare un regalo, ma soprattutto quali tipi di regali vogliamo fare: ci sarà qualcuno a cui regalare la nostra presenza, qualcuno a cui fare solo un pensiero e altri a cui desideriamo regalare qualcosa fatto da noi (spesso i regali più apprezzati sono quelli più semplici).

Ci saranno sicuramente persone a cui non vogliamo fare un regalo, ma ci sentiamo in obbligo di farlo, allora vale la pena chiedersi cosa ci fa stare meglio: fare un regalo controvoglia ed evitare il senso di colpa o scegliere coscientemente di non farlo accettando lo stato d'animo che ne deriva e sentirsi però sollevati?

Non dimentichiamo, inoltre, di dedicare del tempo anche a noi stessi, tutta la cernita fatta ci regalerà sicuramente tempo utile anche a questo scopo.

Ritroviamo il piacere di fare le cose con calma, ogni qualvolta possiamo farlo: il sole non ha fretta, perché noi dovremmo averne? Possiamo davvero concentrare questa ritrovata attenzione, verso noi stessi e le cose che per noi sono importanti, nei giorni del solstizio osservando la natura fuori e dentro di noi.

Che possa essere per tutti un solstizio invernale ricco di nuove consapevolezze e di tempo trascorso nel qui e ora. ◆

Dall'arte dei nostri primi antenati, alle palline colorate di oggi, l'Albero di Natale ha una storia lunghissima, affascinante e curiosa, caratterizzata dall'incrollabile permanenza di questo simbolo, a dimostrazione di un sostrato spirituale ancestrale unitario e... sempreverde!

L'ALBERO DI NATALE

UN SIMBOLO ANCESTRALE IN INCOGNITO

di Chiara Comani

Nella visione scientifica della creazione dell'universo, tutto è cominciato da un punto che si è espanso in ciò che oggi chiamiamo big bang. In molti antichi miti, invece, quel punto, come un ombelico dell'universo o come un seme, si è sviluppato in una linea verticale: in basso le radici, in alto la chioma.

Ovunque si vada nel mondo è possibile trovare un Albero Sacro: con ogni probabilità il tipo di albero cambierà da luogo a luogo, nel rispetto delle differenze geografiche e biologiche del posto, ma sempre si tratterà di un albero dal simbolismo forte da un punto di vista spirituale e spesso anche pratico. Un albero che, con ogni probabilità, si distingue per le sue dimensioni, la sua forza, la sua utilità (legname, frutti, proprietà medicamentose, ecc.).

In un momento storico in cui gli alberi sono tra le creature che più di frequente il nostro mondo moderno minaccia, dovremmo inchinarci all'attenta sapienza dei popoli antichi che, prima ancora della conoscenza scientifica, avevano individuato negli alberi creature fondamentali alla vita, simboli essi stessi di vita e di connessione tra i mondi spirituali.

ALBERO: SIMBOLO UNIVERSALE

Dire che il simbolismo dell'albero sia universale non significa solo che sia condiviso da praticamente tutte le genti, ma anche che i significati a esso connessi sono molteplici e, spesso, collegati e coerenti tra loro.

Per cominciare, gli alberi figurano tra i primi antenati di tutti, non solo della specie umana, ma di ogni animale sul pianeta: senza alberi la Vita su Madre Terra non sarebbe come la conosciamo, o forse non ci sarebbe affatto.

Già dal Neolitico abbiamo traccia di simboli arborei stilizzati, ma inconfondibili (tronco, radici, rami) spesso associati a ruote solari. In epoche in cui il tempo era scandito dal Sole (giorno) e dalla Luna (mesi), gli alberi erano strettamente connessi al moto del Sole nell'indicare lo scorrere delle stagioni, grazie ai loro cambiamenti evidenti, rivelando già una solida attenzione alla ciclicità naturale.

Nel momento in cui l'uomo ha cominciato a mettere per iscritto le sue storie e i suoi miti, il simbolo dell'albero ha rivelato ulteriormente la sua centralità, entrando di diritto nel suo ruolo di Axis Mundi: dal gelido nord alla Mesopotamia lo troviamo variamente indicato, infatti, come *Albero Cosmico*, *Albero della Vita*, *Albero della Sapienza*, *Albero delle Stelle* o un più generico *Albero Sacro*. Ci sono alcune sfumature di significato tra queste nomenclature, ma in generale tutte rimandano al fulcro del ruolo vitale e fondamentale di cui l'albero si fa portatore ed emblema.

Ovunque l'Albero della Vita mette in connessione le diverse polarità: il basso e l'alto, la terra e il cielo, l'acqua (o il ghiaccio) e il fuoco, il femminile e il maschile, Terra e Sole. Era il mozzo della ruota del tempo ciclico, quello che l'uomo poteva osservare nella natura, al quale tutto è sottomesso: le piante, gli animali, il meteo delle stagioni, l'uomo stesso.

L'ALBERO PONTE TRA I MONDI

Inteso come struttura portante del cosmo, l'Albero della Vita è l'universo stesso, è la Rete della Vita ed è, allo stesso tempo, un ponte che unisce i Mondi e una mappa. La complessità della struttura dipende dalle tradizioni e dalle mitologie, ma nella sua versione più semplice troviamo la classica suddivisione nei tre Mondi: Il Mondo di Sotto corrisponde alle radici; il Mondo di Mezzo è relativo al tronco; il Mondo di Sopra è rappresentato dalla chioma. Nelle tradizioni sciamaniche sono numerosi i casi in cui gli spostamenti degli sciamani tra un Mondo spirituale e l'altro avvengono (figurativamente e a volte non) proprio attraverso l'albero, utilizzato come fosse una scalinata celeste.

In gran parte delle tradizioni animiste, non viene tracciata alcuna differenza qualitativa tra lo Spirito e la Materia, dove l'uno abita l'altra, la seconda è imbevuta del primo ed entrambi sono sacri.

Questo determina anche la sacralità della Terra, collegata simbolicamente al Cielo proprio dall'Albero del Mondo, ai cui rami sono appesi il Sole e la Luna, così come dalle sue rappresentazioni materiche e viventi. La Terra, dunque, è la Madre che accoglie sotto le sue colline (immaginate come seni o ventre) il Sole morente del tramonto e della stagione invernale: sono di 52.000 anni fa alcune rappresentazioni dell'Albero, pilastro del mondo stilizzato, radicato su una collinetta e possiamo dire che, in virtù della sua connessione al sole, in un certo senso, questo rappresenti il primo albero solstiziale della storia (graffiti delle caverne di La Pileta, Spagna).

L'immagine delle colline come ventri e portali verso l'Altromondo, come luoghi di buio, di incubazione e altrettanto di illuminazione e successiva rinascita, non è estranea a molti filoni mitologici europei, per esempio presso i celti irlandesi. A esse è possibile avvicinare il concetto di "notte madre", modraneht e successivamente modranicht, che troviamo presso le popolazioni germaniche, ma anche quelle celtiche, connesse al culto delle Tri Mater, portatrici di abbondanza, figure tipiche del periodo solstiziale.

I POPOLI DELLE FORESTE

Considerata l'ampiezza dell'argomento, risulta impossibile trattare la figura dell'Albero Sacro in altre zone del Mondo, centrale dall'Egitto alla Mesopotamia, dall'India alla Siberia, in nord e sud America, in tutto il bacino mediterraneo e nel mondo romano.

Meglio dunque concentrarsi sulle tradizioni continentali europee che hanno poi portato all'albero di Natale. Già, perché nessuno l'ha inventato, ma è frutto di innumerevoli passaggi culturali, cultuali e infine sociali e persino modaioli.

Quelli a volte definiti popoli delle foreste sono due rami fondamentali dell'antichità europea, quello celtico e quello teutonico (ai quali possiamo affiancare anche le popolazioni balcaniche e slave, che avevano tradizioni non dissimili, tanto che troviamo qui un "Albero del Sole"). L'antica Europa continentale era ricoperta di foreste e in un ambiente simile, dove la presenza degli alberi, il loro rigoglio e il loro potere anche spirituale era al culmine, non potevamo che assistere allo sviluppo di tradizioni che dimostrano una conoscenza, un'intimità e una cooperazione con essi senza eguali.

Per queste popolazioni sacri erano gli alberi e altrettanto le foreste, tanto che i luoghi di culto erano radure nel fitto dei boschi, luoghi dove onorare il divino intrinseco nella natura e dove la Terra incontra il Cielo.

DALL'ALBERO DEL MONDO
ALL'ALBERO DI NATALE

Sebbene, come accennato, ogni luogo riconoscesse l'Albero del Mondo in una specifica specie arborea, nel centro e nord Europa esso veniva spesso identificato con l'abete, che come altri sempreverdi ritroviamo ancora oggi legato alle tradizioni natalizie e solstiziali.

La permanenza degli aghi verdi è indice di continuità, non soggetta alla ciclicità degli altri alberi; per questo motivo, fin da tempi remoti, rami di abete venivano portati nelle case e nelle sale nel periodo del solstizio d'inverno, appesi ai muri e decorati con mele, noci e altri frutti stagionali, a rappresentare i frutti che l'Albero del Mondo dona senza interruzione.

Il ruolo dell'abete come Albero del Mondo affonda dunque le radici in un lontano passato e solo in tempi molto più recenti è divenuto l'albero di Natale... che, a questo punto, potremmo e dovremmo più correttamente ribattezzare Albero Solstiziale.

Quella di portare gli abeti nelle piazze e nelle case e decorarli come centro delle feste solstiziali è una tradizione di radice principalmente germanica praticamente ininterrotta: troviamo già tracce nel XV secolo a Strasburgo, nelle lamentele di un predicatore a causa della baldoria che si scatenava attorno all'albero.

Come spesso è accaduto nella storia pagano-cristiana europea, non potendo abbattere (in senso stretto!) questa tradizione e questo culto dalle radici profondissime e di gran lunga precedenti al Natale, si optò per un necessario processo di cristianizzazione: dall'Albero della Conoscenza, a quello della Vita, dal roveto ardente, al legno della croce, l'immagine dell'Albero del Mondo venne equiparata al Cristo, e con un semplice "cambio d'abito" la Chiesa spinse i germani a mettere da parte il vecchio Odino, celebrando invece il neonato Gesù.

Ma di fatto continuando a fare esattamente ciò che i loro padri avevano perpetrato per se-coli, facendo "fruttificare" un sempreverde.

Entrato di diritto nei simboli di "tradizione" cristiana (ricordandoci che le tradizioni si creano, basti pensare alla radice etimologica del termine, dal latino *tradere*, "*consegnare, trasmettere, tramandare*"), si cominciano ad avere notizie sugli alberi di Natale in varie grandi città, del centro ed est Europa, con la nascita di una specie di gara a chi detenesse il primato di aver allestito un albero, addobbato di mele, arance, noci, candeline e frutta varia. Una gara senza senso, in realtà, data la longevità della tradizione.

Un dato interessante ci mostra come, in buona parte, la diffusione degli alberi di Natale presso le corti e le classi agiate d'Europa, segua effettivamente un filone di matrice tedesca: furono infatti i vari esponenti di casate tedesche, sposati o imparentati a famiglie reali o nobili di altri Paesi, a portare l'albero di Natale a palazzo. Così fu a Londra (1832 o prima), a Vienna (1814) e Parigi (1837).

L'invenzione delle palle colorate risale probabilmente al 1858, quando in Francia vi fu carenza di mele.

E in Italia? L'arrivo dell'albero in Italia fu relativamente tardivo rispetto agli altri Paesi, siamo ormai nella seconda metà dell'Ottocento, e lo dobbiamo alla regina Margherita di Savoia, che era di madre tedesca, appunto. Per quasi novant'anni le gerarchie ecclesiastiche in Italia avevano con forza contrastato l'infiltrazione di questa usanza esterofila, un po' come accade oggi con Halloween.

Eppure, più tardi, non fu tanto la Chiesa a opporsi (dato che dal 1982 persino il Vaticano innalza un abete in Piazza S. Pietro), ma il fascismo che intorno agli anni '30 spinse per un ritorno a una più radicale tradizione italiana, senza albero, ma esaltando piuttosto il ruolo del presepe. ◆

CHIARA COMANI - *SOUL FORESTING*
Via Sciamanica, Via Druidica,
Sound Healing, Forest Wisdom

Cerca **Soul Foresting** su Instagram,
Facebook, Telegram e YouTube

INSTAGRAM
instagram.com/soulforesting

FACEBOOK
facebook.com/SoulForesting

TELEGRAM
t.me/soulforesting

YOUTUBE
youtube.com/c/SoulForesting

✦ LE TREDICI ✦ NOTTI SACRE ✦

di Morgana Marco Vettorel

Tredici o dodici notti?
Dal 26 dicembre (notte di Santo Stefano),
o dalla notte di Natale, o addirittura da altre date?
Per celebrare antichi Dèi norreni, la Perchta, le fate o altro?
Vediamo di fare chiarezza in merito.

LE DODICI NOTTI DI YULE

Come scritto in precedenza, le radici di questa ricorrenza rituale affondano nella mitologia norrena.

Dalla vigilia del solstizio d'inverno hanno inizio dodici notti sacre, ognuna dedicata a una o più divinità e/o antenati, in cui si organizzano e celebrano rituali, offerte, banchetti o lavori specifici. Oggi giorno molti praticanti iniziano questo ciclo di celebrazione il 20 dicembre, per terminare il 31 dicembre, a prescindere che sia la vigilia del solstizio invernale.

Non solo riti e celebrazioni in onore degli spiriti della terra: queste magiche notti rispecchiano anche i dodici mesi dell'anno a venire, perciò i rituali di questi giorni hanno anche uno scopo propiziatorio e divinatorio.

DAGLI ANTICHI DÉI NORRENI AL CRISTIANESIMO

Conosciute come le *"dodici notti sante"*, sono state istituite nel 567 d.C. dal Concilio di Tours e rappresentano il periodo che va dal Natale all'Epifania, corrispondenti alla nascita di Cristo e alla sua manifestazione al mondo, dal 26 dicembre al 6 gennaio.

Secondo gli studiosi le dodici notti sante sono un tentativo, da parte della chiesa, di sincretizzare il rito pagano, aggiungendo le proprie regole e dottrine, tra cui quella di astenersi dal lavoro durante questo periodo, ed è proprio da qui che hanno origine le odierne vacanze natalizie.

A causa di tale tentativo di cristianizzazione, nella cultura popolare e contadina dell'Europa medievale ha avuto origine una versione dal sapore pagano che, nonostante l'arrivo del nuovo Dio, rimembra concezioni del tempo e nomi ben più antichi, rappresentati da alcune figure chiave come la Perchta, associata alla Befana.

Questo periodo sacro era conosciuto come *dodekaemeron* (ovvero un periodo di dodici giorni) ed era considerato un vero e proprio momento sacro, giorni a cavallo tra l'anno vecchio e nuovo, tra la vita, la morte e la rinascita di ogni cosa.

Il *dodekaemeron* era considerato il tempo magico per eccellenza, un tempo fuori dal tempo, un passaggio liminale di rinnovamento e trasformazione in cui il velo tra i mondi si sollevava, dissolvendo ogni confine e permettendo agli spiriti dei defunti di tornare nel mondo dei viventi.

È bene chiarire che, visto la natura di tale rito, esistono anche altri archi temporali sacri di dodici giorni situati sempre in momenti liminali o di passaggio dell'anno. Tra questi troviamo i giorni che vanno dal 13 dicembre, festa di Santa Lucia, al 25 dicembre e, prima ancora, troviamo i giorni che vanno dalla sera della vigilia di Ognissanti (31 ottobre, Halloween) al giorno di San Martino (11 novembre).

Come mai questi momenti di passaggio hanno tale durata? Perché i popoli del passato misuravano e calcolavano il tempo con l'aiuto di calendari diversi, uno solare e uno lunare, che rispondevano a esigenze e abitudini diverse dalle nostre. Fra i due calendari c'era una differenza di dodici giorni ed emergeva la necessità di risolvere la differenza e di far coincidere il tempo sospeso, tipico della ricorrenza, con questo spazio.

IL TREDICESIMO GIORNO: LA NOTTE DELLA BEFANA?

Sono molte le tradizioni dell'Epifania che si collegano ai festeggiamenti del solstizio d'inverno. Ancora oggi nel nord Italia, in particolare Friuli e Veneto per esempio, è praticata la tradizione del Panevin: durante la notte del 5 gennaio vengono accesi dei grandi fuochi su cui sono arse le effigi della befana, rappresentazione simbolica del passato, della stagione fredda che è bene distruggere nell'attesa di quella nuova. Nel sud Italia invece troviamo l'usanza di scambiarsi regali, cioccolatini e caramelle.

Si potrebbe continuare per molto poiché ogni regione ha le sue tradizioni, simili e non, chiamate con modi diversi e tutte collegabili ai riti del solstizio, al periodo dei dodici giorni e alle vere origini della Befana e della sua festa.

PERCHÉ PROPRIO LA BEFANA E L'EPIFANIA?

Rappresentata oggi giorno come una vecchia strega che, volando con la sua scopa nel cielo notturno, distribuisce dolci o carbone ai bambini, in base a come si sono comportati durante l'anno, è in realtà una figura molto più complessa e antica, di origine pagana, connessa a riti propiziatori legati all'agricoltura e ai cicli stagionali.

Dal mondo celtico ai romani, ritroviamo diffusa in buona parte dell'Europa la credenza di figure femminili che in questo periodo dell'anno, durante la notte, sorvolano i campi coltivati per propiziare la fertilità dei futuri raccolti. Diana, Abundia, Perchta, Holda sono solo alcune di queste signore notturne che hanno dato origine alla moderna befana.

Per di più, soprattutto nel nord Europa, ma anche nel nord Italia, Francia, Svizzera e Germania, queste figure erano rappresentate come anziane, poiché personificazioni della natura nel suo aspetto invernale, la morte prima della rinascita.

Come scritto in precedenza l'Epifania è il momento della manifestazione, perché nel cristianesimo è quella festa in cui si celebra la rivelazione di Dio incarnato nell'aspetto di Gesù Cristo. La Befana, l'icona popolare di questa ricorrenza, è invece un eco di diverse dee pre-cristiane assorbite in un'unica immagine carica di potere e conoscenza, associata però a ben altri cicli, numeri, tradizioni e misteri. Tra questi, quello che interessa a noi, è il numero 13!

Da sempre associato ai cicli della luna, alla donna e al femminile sacro, nel tempo si è trasformato in un numero disturbante. Non a caso sono moltissimi quei miti e quelle leggende, che ricordano il passaggio di "demonizzazione" o per meglio dire "cancellazione" del numero tredici. Dalla storia di Re Artù con Mordred, tredicesimo cavaliere, a Gesù tradito da Giuda, il tredicesimo apostolo; dalla fiaba della Bella Addormentata nel bosco, maledetta dalla tredicesima fata, alla mitologia norrena con Baldur ucciso da Loki, il tredicesimo dio.

Per non parlare di come il tredici è considerato, per via di tutto ciò, un numero maledetto, negativo, portatore di sfortuna: nei tarocchi l'arcano maggiore associato a questo numero è la Morte, e nella Cabala il numero tredici è lo spirito del male. Senza poi soffermarci sulle numerose credenze riguardo venerdì 13, in special modo nei paesi anglosassoni.

Grazie a studi più recenti, finalmente conosciamo il motivo dietro all'attacco verso il numero tredici, verso il suo potere e la sua simbologia. Ad oggi, ormai, ci sono studiosi, gruppi e praticanti che cercano di restituirgli il suo prestigio.

Tornando al discorso, Rudolf Steiner fu tra quelle persone che non vedeva nel numero tredici un valore negativo, ma, anzi, un simbolo di trasformazione e potere, molto potente e valido. Riguardo alle dodici notti del periodo solstiziale affermava che il 6 gennaio era la tredicesima notte. Di conseguenza il calcolo doveva partire non dalla notte del 26 dicembre ma quella prima, tra il 24 e il 25 dicembre. Se ogni notte corrisponde a un mese dell'anno nuovo, quest'ultima notte, la tredicesima, rappresenta il suo sunto, il suo massimo potere.

Anche in altre tradizioni è la notte più sacra, l'apice dei dodici-tredici giorni, in cui onorare la Signora del Fato, la Perchta, Frau Holle, e tutte quelle figure condensate nella Befana stessa, che si celano dietro il suo volto.

Questo è dovuto anche alla credenza che, proprio in queste notti di spiriti e magia, si credeva più che mai che queste dee volassero col loro corteo nel cielo notturno, controllando che nessuno filasse in questi giorni (era un tabù che poteva avere spiacevoli conseguenze) e che le abitazioni fossero pulite e in ordine, con offerte tenute da parte per loro (questa credenza è un retaggio della famosa caccia selvaggia). ✦

Dicembre è il mese in cui la frenesia delle festività natalizie e solstiziali raggiunge il suo apice: luci scintillanti, alberi addobbati e il suono delle canzoni natalizie invadono le nostre vite, spingendoci verso un turbinio di preparativi e questo sembra succedere ogni anno sempre più presto.

LA CORSA ALLA LUCE
E LA BELLEZZA DELL'OSCURITÀ

di Alice Rancati

C'è una bellezza nascosta in questo mese che spesso sfugge
alla nostra attenzione:
la lentezza e le energie di guarigione, ispirazione e germinazione delle giornate
più brevi e delle notti sempre più lunghe.
In questo articolo esploreremo il concetto di vivere dicembre con calma per
poter gioire davvero delle feste, anziché precipitarci in una corsa sfrenata verso
un mese intero di celebrazione che può portare a vivere in modo annoiato e
superficiale le feste solstiziali,
ma affronteremo anche la causa di questa corsa alla luce.

PERCHÉ SI EVITA L'OSCURITÀ?

La corsa verso il Natale inizia spesso ancor prima che le ultime decorazioni di Samhain/Halloween siano state rimosse.

Alcuni oggetti natalizi iniziano ad apparire nei negozi addirittura ad agosto e le prime decorazioni fanno la loro apparizione spesso ai primi di novembre in vetrine, per le strade, nei giardini.

La pressione del prepararsi alle festività può essere travolgente e spingerci a programmare ogni momento del nostro tempo libero con attività legate al Solstizio/Natale. Ma cosa succede quando tutto questo sfarzo ci distrae dalla bellezza intrinseca del mese di dicembre?

Pensiamoci bene: Samhain rappresenta la fine, la morte, mentre Yule (il Solstizio d'Inverno) rappresenta la rinascita. Quel periodo di "vuoto" in mezzo rappresenta, a livello inconscio collettivo, qualcosa che alla società fa paura: ovvero l'ignoto dell'aldilà.

Cosa succede all'anima tra la morte e la rinascita?

Pochi ci vogliono pensare e quindi ecco che questa paura si manifesta con l'evitamento dell'oscurità, riempita invece di luce confortevole.

Eppure, se guardiamo alla Madre Terra, abbiamo la risposta sotto gli occhi: dopo Samhain la natura entra in un profondo stato di riposo e allo stesso tempo di germinazione. La nuova vita si prepara per quando sarà tempo di rinascere. E il riposo è guarigione.

Tutto il mese di novembre e parte del mese di dicembre sono quindi il momento perfetto per cogliere l'opportunità di abbracciare questa oscurità guaritrice e creativa e la lentezza che essa porta con sé.

QUATTRO MODI PER GODERSI IL MESE DI DICEMBRE IN ATTESA DEL SOLSTIZIO E DI NATALE...

Contemplazione: le lunghe notti di dicembre ci invitano a rallentare e a contemplare. È un momento ideale per meditare, leggere un buon libro o semplicemente godersi la quiete della sera.

Connessione: dicembre è il mese perfetto per riconnettersi con gli altri. Passare del tempo con la famiglia e gli amici in un'atmosfera rilassata e accogliente è spesso più significativo che correre tra feste e cene.

Riflessione: l'anno solare sta per volgere al termine, e dicembre offre l'opportunità di riflettere su ciò che è stato e su ciò che desideriamo per il futuro. Fare un bilancio personale può essere un modo gratificante per iniziare il nuovo anno con prospettive chiare. Inoltre si può riflettere anche sui temi della morte ispirandosi al *Death Positive Movement* (è possibile trovare informazioni e anche letture in italiano su qualsiasi motore di ricerca), in modo da avere una visione più positiva di questo importantissimo passaggio.

Bellezza naturale: Le notti più lunghe ci danno la possibilità di contemplare il cielo stellato. L'astronomia amatoriale può diventare un hobby affascinante, permettendoci di esplorare le meraviglie del cosmo. Inoltre possiamo osservare come cambia ogni giorno il paesaggio attorno a noi, come si comportano le piante e gli animali per lasciarsi ispirare dalla natura.

... E QUATTRO MODI PER ASSAPORARE LE FESTE IN MODO AUTENTICO

Vivere dicembre con calma, ovviamente, non significa ignorare completamente l'arrivo delle feste, ma piuttosto prepararsi ad esse in modo più significativo.

Quando riduciamo la frenesia, abbracciando la lentezza ispirata dal periodo, possiamo apprezzare meglio le tradizioni e le energie solstiziali e natalizie senza che diventino un peso.

Ecco alcune idee per celebrare in modo più vero e sinceramente gioioso:

Decorazioni con significato: piuttosto che abbellire la casa in modo eccessivo, scegliamo decorazioni che abbiano un significato speciale per noi e la nostra famiglia e che si ispirino alla natura.

Regali pensati: dedichiamo tempo a scegliere regali che abbiano un significato per chi li riceve, anziché comprare in fretta per obbligo.

Tempo di qualità: dedichiamo tempo di qualità alla famiglia e agli amici, creando ricordi duraturi attraverso attività condivise, come la cucina, la musica o il gioco.

Solidarietà: dicembre è un ottimo momento per condividere con chi è meno fortunato. Partecipiamo a iniziative di beneficenza e dedichiamo parte del nostro tempo a servire gli altri, ricordando anche che le feste per molte persone sono un momento difficile e triste.

In conclusione, il mese di dicembre offre molto più di una corsa sfrenata verso le festività solstiziali e natalizie.

È un periodo di profonda connessione con la natura, di riflessione personale e di opportunità per vivere in modo più autentico e significativo.

Abbracciando la lentezza e la bellezza dell'oscurità, possiamo cogliere appieno la magia di questo mese e celebrare le festività in modo più profondo e genuino. Quindi prendiamoci il tempo per contemplare, connetterci, riflettere e apprezzare la bellezza naturale che ci circonda, mentre celebriamo le festività in modo più autentico e solidale.

Questa è la vera essenza di dicembre: una stagione di guarigione, ispirazione e rinascita. ✦

ALICE RANCATI - *LUNE SELVATICHE*

Manifesta la tua magia, ri-connettiti alla tua selvatichezza e libera il tuo potere personale!

Lune Selvatiche
è su Instagram e Telegram

INSTAGRAM
.instagram.com/luneselvatiche

TELEGRAM
t.me/luneselvatiche

nella NOTTE di YULE...

di Mila Fois
illustrazioni di Alice Guidi

"Re Hakon stabilì per legge di celebrare Yule nello stesso periodo dei cristiani;
ciascuno doveva produrre birra per santificare questa festa."
Snorri Sturluson: Heimskringla

La notte di Yule è un momento liminale, uno di quelli in cui il velo che separa il mondo degli esseri umani da quello delle creature dell'altrove si assottiglia. Ed è proprio in quest'occasione speciale che svariati eroi, provenienti da luoghi e tempi diversi, si trovarono a dover compiere una scelta, a vivere una grande avventura. In questo articolo andremo alla scoperta di grandi gesta, provenienti dalle saghe del nord, avvenute proprio in questa notte assai particolare.

IL RAGAZZO E IL DRAGO

Il primo eroe di cui facciamo la conoscenza è Bödvar Bjarki, che compare all'interno della *Hrólfssagakraka*. Bödvar Bjarki era il figlio di un principe che portava su di sé una terribile maledizione che lo aveva trasformato in un orso. Dopo aver vendicato il padre, decise di mettersi al servizio del re danese Hrolf Kraki, ma giunto alla sua corte si trovò ad assistere a un ben misero spettacolo: gli uomini seduti a tavola stavano tormentando un ragazzino particolarmente scarno e mingherlino, scagliandogli addosso le ossa e gli avanzi del loro cibo. L'eroe intervenne, prendendo al volo una delle ossa e rispedendola con un tiro preciso addosso a chi l'aveva lanciata, usando una forza tale da farlo cadere a terra morto.

A quel punto, il sovrano chiese a Bödvar Bjarki di rimanere al suo servizio, in modo da rimpiazzare l'uomo che aveva appena ucciso. L'erede dell'orso acconsentì, ma in cuor suo aveva in mente di aiutare il povero ragazzino

maltrattato a diventare un guerriero stimato da tutti.

Venne la notte di Yule, ma, anziché festeggiare allegramente, una grande preoccupazione aleggiava sulla corte. Era ormai da qualche anno che, puntualmente, nella notte di Yule, un drago faceva la sua comparsa, uccidendo chiunque si ritrovasse davanti. Il re ordinò a tutti di rimanere al sicuro, dietro le mura della fortezza, ma Bödvar Bjarki non badò a quel suggerimento e uscì nelle fredde strade notturne, accompagnato dal ragazzino tremante, che avrebbe dato qualsiasi cosa pur di poter tornare indietro.

I due andarono in cerca del drago, e quando lo trovarono, Bödvar Bjarki lo abbatté con un sol colpo della sua formidabile spada. Suggerì quindi al ragazzo di bere il sangue del drago e di mangiarne il cuore ancora pulsante, in modo da ottenerne la forza.

Fatto ciò, i due nascosero l'enorme carcassa

dietro alcuni cespugli e, il giorno seguente, accompagnarono il sovrano durante una cavalcata, conducendolo proprio da quella parte. Non appena videro il grosso corpo squamoso in agguato tra le fronde, i soldati trasalirono e misero mano alle armi, ma il giovane prese l'iniziativa e chiese al re di prestargli la sua lama, *Gullinhjalti*, l'*Elsa Dorata*, affinché potesse usarla per sconfiggere l'enorme rettile. Il sovrano, che a dire il vero non si aspettava granché da quello smilzo ragazzino, lo accontentò, e a quel punto la lama venne impugnata con coraggio e affondata nel corpo del drago. Il giovane tanto disprezzato da tutti aveva sconfitto l'enorme rettile con un sol colpo!

Venne dunque acclamato come un vero eroe e, da quel giorno, venne chiamato Hjalti, come la spada che aveva brandito nel corso della sua grande impresa.

Grazie al drago battuto nella notte di Yule, Bödvar Bjarki era riuscito a cambiare il destino di un ragazzo, trasformandolo in un giovane eroe.

L'UCCISORE DI MOSTRI

Grettir, il protagonista di una saga islandese che porta il suo nome, era un tipo cupo e scontroso e, per di più, era stato esiliato dalla sua terra per un crimine commesso per errore. Nonostante ciò, era un abilissimo uccisore di mostri e si diceva che non vi fosse troll, *draugr* o mostro in grado di resistergli. Non sapevano quanto, in realtà, il suo cuore fosse pesante.

Durante una delle battaglie contro un pastore il cui corpo era rimasto insepolto e che, quindi, si era trasformato in un *draugr* (un morto vivente), Grettir era rimasto vittima di un anatema. Da quel momento in poi, avrebbe avuto paura del buio, soffrendo la solitudine e l'esilio, sentendosi sempre più debole e disperato.

Nonostante il suo animo fosse gravato da questo peso, Grettir decise di offrire il suo aiuto a una donna e alla figlioletta che intendevano recarsi a messa nella notte di Yule. Avevano paura perché, ogni anno, quando lasciavano la casa per andare in chiesa, al ritorno trovavano tutto fuori posto e, ogni volta, uno dei domestici scompariva per non far più ritorno. Temevano che ci fosse lo zampino di qualche creatura dell'ombra, perciò Grettir, che aveva già combattuto contro numerose entità maligne, accettò di proteggere le due donne.

Portando madre e figlia sulle proprie forti spalle, Grettir attraversò le insidiose lastre di ghiaccio del nord, accompagnandole sane e salve fino all'edificio sacro, quindi tornò a fare la guardia alla casa. Le due avevano ragione di essere preoccupate, perché qualcosa era davvero in agguato.

Nel cuore della notte, Grettir udì degli scricchiolii e, andando a controllare, scoprì che una spaventosa donna troll si stava introducendo nella dimora, in cerca di qualcuno da divorare.

Questa volta però non si sarebbe accanita sull'ennesimo membro della servitù!

Grettir le si scagliò addosso e la lotta tra i due andò avanti, senza esclusione di colpi, per parecchie ore.

Quando ormai l'alba si stava avvicinando, la donna troll comprese di non poter avere il sopravvento e quindi tentò di fuggire, ma Grettir la tenne ben stretta fino a che i primi raggi del sole non la illuminarono. A quel punto il troll si tramutò in pietra e le due donne poterono far ritorno sane e salve alla loro casa, dopo una notte passata in preghiera.

Grazie all'intervento di Grettir, le loro successive celebrazioni di Yule si sarebbero tenute in modo decisamente più tranquillo e sicuro.

LA BIRRA DI YULE

Uno dei momenti più importanti della festività di Yule per le popolazioni norrene era quello della fermentazione della birra, con la quale poi si sarebbero fatti tre importanti brindisi in onore di Odino, per la vittoria del re e in onore di Njord e Frey per il buon raccolto e per la pace. Il re norvegese Hakon il Buono, che era cresciuto in Inghilterra e perciò era di fede cristiana, si rifiutò di compiere questo brindisi, che per il suo popolo, ancora in buona parte dedito al paganesimo, aveva grande sacralità.

I suoi consiglieri lo pregarono di non scontentare la sua gente e Hakon, che non voleva venir meno ai precetti della Chiesa, prima di bere dal calice lo benedisse, facendo il segno della croce. Gli astanti rimasero sconvolti da quel gesto, ma i consiglieri furono astuti e pronti a riportare la calma, assicurando al popolo che il sovrano, compiendo quei movimenti, avesse disegnato nell'aria il simbolo del martello di Thor per assicurare prosperità al regno.

All'interno della saga nota come *Hálfs saga ok Hálfsrekka* troviamo un passaggio in cui due donne, entrambe desiderose di sposare re Alrek, signore della regione norvegese dell'Hordaland, decisero di sfidarsi. Chi avrebbe prodotto la miglior birra sarebbe divenuta regina. Le due si misero dunque all'opera, pregando rispettivamente Odino e Freyja.

Colei che aveva invocato Odino, che deteneva il titolo di Jólnir, connesso più di ogni altro alle festività di Yule, ricevette il suo favore. Il dio apparve al suo cospetto e sputò nel calderone in cui stava preparando il liquore. La mistica saliva del dio fece in modo che la birra fermentasse e, naturalmente si rivelò la più buona, permettendo alla donna di vincere la sfida e di divenire la moglie del re.

Questi tre racconti, tratti da altrettante saghe del nord, ci mostrano quanto fosse importante la celebrazione di Yule come momento di passaggio dalle fredde tenebre invernali al graduale ritorno della luce e della prosperità. ✦

LO SGUARDO VERSO L'INFINITO

IL BAGATTO

di Monica Petronzi

Nel numero di ottobre abbiamo iniziato il percorso per conoscere le personalità degli Arcani Maggiori e per capire come leggerne il messaggio iniziatico che ognuno di loro custodisce. L'iconografia alla quale facciamo riferimento è quella dei *Marsigliesi*, quindi senza indugiare iniziamo a conoscere l'arcano numero uno: *Il Bagatto* (conosciuto anche in molti mazzi come *Il Mago*).

Anche se *Il Bagatto* ha le idee decisamente più chiare rispetto allo Zero ed entrambi i suoi piedi poggino al suolo, *"non è tutt'oro quel che tiene in mano una bacchetta"*.
Siamo tutti d'accordo sulle caratteristiche che lo rappresentano e che ora andremo a vedere insieme ma permane il fatto che un Mago possa essere tanto un diamante quanto pirite spacciata per oro. Impossibile sbagliarsi, la materia sul suo tavolo è lì e aspetta il suo sguardo che però non è rivolto verso il tavolo. Viene da chiedersi come mai guardi in una direzione differente vero? Scopriamo insieme il perché. Mosso da Mercurio il sapere è ciò che il buon Bagatto realmente vuole.
Sono il colore dei suoi capelli e delle sue scarpe a indicarci la natura che muove il bagatto qui rappresentato e che si rafforza nel resto dell'immagine in punti specifici. Il giallo delle Scarpe e dei capelli indica il suo voler arrivare ad una conoscenza fluida, pura, capace di farlo trascendere dandogli competenze che vadano oltre il piano materiale. Non solo i suoi passi ma anche i movimenti delle spalle e degli avambracci sono mossi da questo desiderio che si alterna alla speranza e alla spiritualità.

Tarocchi Raider-Wait
Il Mago
Wikimedia Commons

La sua forza di volontà è illimitata ed è questa a dargli quella spinta propulsiva che può fargli raggiungere i suoi obiettivi mentre a muoverlo è la passione. Il mago vuole concretezza e presto o tardi arriva a raggiungere ciò che desidera, ed è proprio ciò che desidera a fare di lui un diamante oppure del falso oro.

Il Bagatto consapevole (che è poi quello che i Tarocchi ci mostrano) pone fatica e studio come elementi fondamentali per poter raggiungere i suoi obiettivi. La solitudine che tale pratica porta con sé gli è amica, una naturale conseguenza del suo incessante lavoro.

L'altro volto del Bagatto,e che qui nell'iconografia dei Marsigliesi non vediamo, possiamo comunque immaginarlo con facilità. Senza stare a fare grandi stravolgimenti, basta volgere il suo sguardo verso gli oggetti sul tavolo. Questo perché se ci mettiamo a guardare bene questi oggetti salta immediatamente all'occhio che non si tratti di materiale che può portare ad una crescita. Sono tutti giochi di prestigio e in quanto tali servono a far passare per mago chi li utilizza. Questo tipo di Mago ha come ambizione quello di muovere le forze che lo circondano al suo servizio. Capisco che scritto così possa sembrare una cosa allettante ma in realtà, nel lungo periodo, si rivela essere un modo di fare terribilmente controproducente, poiché questa immediatezza può soddisfare solo quelle richieste narcisistiche che nulla hanno a che fare con una crescita spirituale. Lavorando in questo modo chi lo fa si ritrova ad investire quell'illimitata forza di volontà, della quale abbiamo parlato poco fa, su mire

Tarocchi Visconti - Sforza
Il Mago
Splendidamente disegnato a metà
del XV secolo dall'artista italiano
Bonifacio Bembo, il mazzo Viscon-
ti-Sforza era destinato ai duchi
Visconti e Sforza di Milano.
Quattro carte (su settantotto)
sono andate perdute dal mazzo
(il quindicesimo e il sedicesimo
arcano maggiore - rispettivamente
il Diavolo e *la Torre* -, il *Cavaliere di
denari* e il *Tre di spade*), per cui ne
rimangono settantaquattro.
Wikimedia Commons

materiali che potrebbe facilmente raggiungere senza coinvolgere forze che non dovrebbero
essere disturbate a caso.
La volontà e la forza, se si vuole intraprendere questo cammino iniziatico, devono
vertere verso l'ampliazione della conoscenza.
Sarà l'impegno stesso impiegato dal mago a
ripagarlo anche sul piano materiale.

Quando si studia questo Arcano una domanda
tira l'altra e sono certa che da qualche parte,
dentro di voi, vi stiate chiedendo come sia
possibile che una creatura con un potenziale del genere possa cadere in fallo così facilmente. La risposta, cari lettori, è contenuta
nella domanda stessa che vi state ponendo.

Il Bagatto ha un potenziale illimitato, non
un'intelligenza fuori dal comune. Dunque,
se la vostra intenzione è quella intraprendere
questo cammino sarà bene riempire la mente
ed il cuore con: umiltà, voglia di miglioramen-
to, perseveranza e pazienza.
Tenere nella mano sinistra la bacchetta non è
un punto di arrivo ma di partenza, un'azione
da non prendere alla leggera perché questo
oggetto simboleggia il potere degli dei, il
caduceo di Hermes. Ecco perché Il Bagatto
guarda all'infinito e non alla bacchetta: ha la
consapevolezza di stare chiedendo quella forza
e quella conoscenza e di attingere da essa per
il momento; perché la speranza di arrivare a
sapere abbastanza per non doverne avere più

Tarocchi di Marsiglia
Le Bateleur
Wikimedia Commons

bisogno continua a tenere la sua mente concentrata e il suo spirito puro come un diamante. Per ora però il mago non piega la natura al suo volere ma le chiede di piegarsi.

E la mano destra? Che cosa tiene nella mano destra Il Bagatto? Si tratta di un seme tenuto all'altezza dei suoi genitali. Il giallo ci suggerisce ancora qualcosa, in mezzo alle gambe del nostro Arcano si palesa l'emblema della fertilità e della vita: la stilizzazione della vagina.

Ed è così, con una mano impegnata nello stringere il suo potere e con l'altra volta ad una richiesta che non è scontato venga accolta, che i veri maghi guardano all'infinito per vedere se si dischiude alla loro vista la conoscenza fluida. Solo dopo potrà trasformare quegli oggetti. A quel punto però, quando avrà la capacità di vedere oltre il piano materiale gli oggetti non conteranno più nulla e la parte importante diventerà quel tavolo che poggia su tre gambe celesti e che ha poggiati, sul suo piano giallo, non semplici oggetti ma i quattro semi dei Tarocchi stessi. ✦

Il Corpo come Porta tra i Mondi,
il Desiderio come Oracolo

CHIAROSENZIENZA

di Chandani Alesiani

C'è stato un tempo dove il corpo portava il volto del sacro.

Dove chiamava le antiche forze, apriva le segrete stanze, imbastiva gli incanti.

Un tempo dove si offriva il proprio corpo per "tirare giù la Luna", riallacciarsi ad una dimensione originaria e dar vita ad un contatto diretto con la Divinità che cancellasse ogni distanza, tra il qui e l'oltre, il visibile e l'invisibile, sopra e sotto.

Se così è stato, così può tornare ad essere.

Se così è stato, così non ha mai smesso di essere.

Ed è per questo che ritengo così importante preservare e creare uno spazio dove il corpo sia sentito e vissuto nel suo linguaggio madre, attraverso quella moltitudine di possibilità che gli appartengono, ne abbracciano i territori e ne fanno un operatore magico di forze psichiche, *"un mondo animico, portatore di messaggi ed immagini che si condensano da un altrove"*. *(Erika Maderna).*

Il corpo sa e il corpo è un ricettore di saggezza. Questa sua naturale abilità, spesso avvolta nel silenzio, porta il nome di Chiarosenzienza. *"Chiarosenzienza significa sapere con il corpo... riprendere pienamente dimora del tutto nel corpo!"* scrive Vicki Noble.

É una forma di conoscenza che inizia da una percezione. Un'impressione che ti scorre addosso e danza il suo fuoco sulla pelle, orientandone i movimenti. Un sentire che, investigato, si traduce in una chiave di mondi e tra i mondi. Un impulso che scatena e dialoga con forze nascoste, i cui brividi sono mappe, i cui respiri sono coordinate, le cui espressioni svelano tesori e schiudono preziose ispirazioni.

A parlare è soltanto il corpo e, in quel momento, al corpo non puoi far altro che arrenderti. In quella resa ti cali nelle trame di una saggezza antica, di un sapere tramandato che, in te, trova nuovo slancio e fermento, che ti sussurra da lontano e, attraversandoti, si fa improvvisamente vicino. Il corpo diventa così un *"canale sovracosciente"*, uno strumento di divinazione. Diventa una camera oracolare che apre sempre nuovi livelli di consapevolezza e di visione e tu, fidandoti e affidandoti a quello che senti, cavalcandolo ed estraendone i semi, non solo ti permetti di assaporare quella "materia misteriosa" che ti coglie all'improvviso, ma riconquisti la libertà di penetrarla, sfiorarla, di lasciarti pervadere e farci l'amore, di conoscerla e manifestarla nei modi che sceglie quando desidera raggiungerti e farti da maestra.

La chiarosenzienza fa breccia dove puoi ricostruire le forze di selva dell'istinto, dove l'istinto è lucido, radicato e chiarifica, dipana, afferra realtà sotterranee; dove non si lascia più addomesticare, si conserva intatto e di un'inestimabile valore. Come una lanterna brucia nel buio, brucia il buio. Come una bussola ti mostra la strada, cosa ti apre la strada. Ogni più piccola percezione, emozione, ogni reazione di pancia o del corpo a persone, luoghi o situazioni diventa un presagio, un segno da leggere, una chiave da far girare. Diventa una buona stella da seguire o un richiamo a varcare la soglia, per integrare verità apparentemente in ombra ma che potrebbero fare il giro del tuo mondo, rivoluzionandolo o espandendolo.

Abitarti, abitare lo spazio del corpo, nella sua profondità espressiva, non si limita, quindi, a risvegliare la capacità di sentire, ma apre le porte ad un sentire che è chiarosenziente. Resuscita un'altra comunicazione, un altro punto di contatto con il mondo, con i mondi, che acuisce i sensi, re-incantandoli. Torni, così, a trasportarti nell'ordinario, con fare sacro, a conoscerti a pelle, interpretando i suoi palpiti e misteri, ad allenare una presenza mediale, che vede anche ad occhi chiusi e porge tutte le sue orecchie. Una presenza che ti invita ad esserci, senza chiudere fuori quello che puoi apprendere in maniera carnale e che, della vita, ne eccita le infinite trame.

IL CORPO È PORTALE

*"L'intero cosmo e le galassie sono contenute nel suo corpo,
sul volto si incrociano strade calcate dalle orme di infinite
generazioni. È un corpo labirinto, il suo!"*
Octavia Monaco

Mi è capitato spesso, non solo per esperienza personale, ma anche attraverso le mie e i miei clienti, di toccare con mano quanto il corpo possa farsi portale e capisco se leggere queste parole possa stridere o grattare. Perché siamo abituati a credere che ci incateni quando, invece, ci sposta in volo. Crediamo che sia una scatola chiusa quando, invece, potrebbe svegliare tutti gli universi.

In questo piccolo spazio, che chiamiamo corpo, confluiscono tanti fili, coesistono voci, anime, realtà infinite; esso possiede l'innata capacità di ripercorrere il passato, di ricapitolarlo ed evocarlo eppure sa anche come radicarti nel presente. Può attingere a memorie che appartengono a questo tempo ma anche a quelle che non sa neanche da dove provengano. E poi può indossare le vesti di una soglia, di una membrana tra i mondi che li fa incontrare, accadere contemporaneamente, che li fonde e li mescola, come nel bacio di Klimt, o li tiene in sospeso, un po' a distanza, per guardarli da una prospettiva più ampia.

Quando questo succede, è subito magia, quella magia che fermenta nei luoghi liminali. Perché quando il corpo diventa una Terra di Confine, acquisisci una visione senza separazioni che riconosce, ad ogni parte di te, il diritto di esistere e che le vede fluire insieme in una danza. Da lì scateni l'eco di tutto ciò che è stato e non può andare perduto, scegli cosa è destinato a bruciare e cosa a restare, ti riprovi le vecchie forme, oramai ingiallite dal tempo, e ne osi di nuove che ti rassomiglino di più, ricordi dov'eri e poi muovi la penna su una pagina bianca, per ricominciare da dove non sei mai stata/o e vorresti essere.

Aprire, dentro la pelle, un tale passaggio e accompagnarti in questo sacrale attraversamento, può essere l'inizio di un abbraccio, di una riscrittura vivida che riscalda il tuo antico potere. Una riscrittura che, di quel potere, te ne mostra tutti i risvolti, i riverberi e gli spiriti, proprio perché ti sei offerto/a il dono di agirla in maniera incarnata e autenticamente integra.

INCUBARE IL DESIDERIO:
QUANDO IL DESIDERIO DIVENTA L'ORACOLO

*"C'è in quel centro impetuoso un qualcosa che tramuta
l'ardore in saggezza!"*
C. Pinkola Estés

Rivendicando una tale esperienza del corpo e attraverso il corpo, anche il desiderio assume un altro valore, così come creare uno spazio nel quale incubarlo, per farne un responso di Pizia. Con il termine di incubazione ci si riferisce ad un rito molto antico, una pratica nella quale si dormiva in un luogo considerato sacro, "di potere", come poteva essere un tempio o una grotta naturale, in attesa di ricevere sogni rivelatori.

Siamo soliti bistrattare e svilire il potere del desiderio, forse perché lo associamo a qualcosa di unicamente carnale, di "basso" e grezzo, che poco ha a che fare con la Spiritualità, eppure non esiste, a mio parere, qualcosa di più potente. E lo diventa anche di più se quell'iniziale incandescenza, quella scintilla che "scorgi in forma di fuoco" viene incubata, scandagliata e assecondata, nelle sue matrici sibilline.

Il desiderio assume, così, una funzione mantica, diventa un oracolo. Apre fessure e nicchie del tuo dentro, così come del tuo oltre, infrange il silenzio, investe i sogni più audaci, porta, sulle labbra, la voce di ciò che è depositato sul fondo o di quello che ha appena iniziato a corteggiarti.

Oppure disegna una danza di Menade, di puro trasporto ed *Ekstasis*, che induce la trance ed espande la coscienza.

Come attraverso uno specchio, c'è tanto che, da lì, si rivela, che ti rivela. Perché ciò che di te brucia nel desiderio, per il desiderio, ti mostra dove il fuoco si è spento e cosa sa alimentarlo, dove il tuo braciere riprende a fumare, in devozione di cosa riconosci come sacro, e dove si chiudono le porte del tuo tempio. Attraverso di esso impari a vederti, a riscoprirti, a muoverti verso quello che stai diventando. Attraverso di esso abbracci nuove lezioni da apprendere, nuove consapevolezze da acquisire, nuove esperienze per le quali sei pronto/a ed evoluzioni e metamorfosi che meritano di essere accompagnate. Perché il desiderio è una forza che esprime un culto ancestrale nei confronti della vita e, laddove ti possiede, è proprio questo che fa: svegliare la vita, ciò che la invita ad entrare, a scorrerti in corpo, ciò che ne ravviva l'anima, i fuochi e rompe ogni divieto di danzarla e goderne.

Ciò che ti fa sentire vibrante, pulsante, accesa/o, aperta/o ai suoi flussi e reflussi o che sa insegnarti come trasformare le tue mancanze in una spinta a sollevare lo sguardo verso le stelle, per cambiarne il corso e notare come le tue direzioni possono iniziare a spostarsi.

"Ogni Desiderio che hai la possibilità di trovare ed esprimere è proprio come una previsione oracolare, una sorta di premonizione: non si tratta del semplice frutto della tua fantasia ma di un inaspettato dilatarsi del tuo sentire, della tua coscienza... è un'anticipazione di parti di cammino, un canale di allargamento della nostra psiche, un salto oltre la realtà conosciuta. Quello che noi indichiamo con il verbo desiderare è, in realtà, una sorta di incursione del nostro io profondo nel flusso di un più ampio fluire. È il modo in cui questa nostra percezione dialoga con la mente rivelandole quelle possibilità che ha trovato nell'avvenire, e in cui cerca di convincerla a lasciarsi andare senza distrarsi quando tutto sarà rivelato, a farsi da parte e lasciarsene totalmente rapire." ◂
David Simurgh

Foto di Lorenza Daprà

«NULLA CRUELIOR»
LA MANTICORA
BESTIA PERNICIOSISSIMA

di T. Boons

La proprietaria di un ristorante per famiglie si precipita fuori dalla cucina, consegnando piatti fumanti di cibo spazzatura ai camerieri, lamentandosi della lentezza del servizio. È l'ora di punta e la direttrice è palesemente esausta: il peso della responsabilità traspare dai suoi movimenti rapidi e nervosi. Si sistema gli occhiali dopo aver consegnato i piatti ai suoi dipendenti e si concede un sospiro ansioso, prima di rituffarsi a capofitto nella confusione che regna sovrana nell'affollato ristorante. È così che incontriamo per la prima volta *La Manticora di Onward*, lungometraggio targato Disney Pixar ambientato in un mondo fantasy in stile *Dungeons & Dragons*. La Manticora in veste di direttrice di fast food non lascia perplessi solo gli spettatori, ma anche i protagonisti del film, i fratelli Ian e Barley, tanto che il primo chiede al secondo, con aria profondamente dubbiosa: «È quella La Manticora?».

Come noi, Ian e Barley si aspettavano una creatura pericolosa, aggressiva e minacciosa, non certo una trafelata direttrice di sala.

Onward è un film di animazione e, in quanto tale, non può che rappresentare versioni edulcorate di creature che, altrimenti, sarebbero ben poco adatte ai bambini, siano esse draghi, vampiri o manticore.

Ma cos'era e com'era fatta la manticora storica, quella che ci descrivono gli autori antichi? E quanto di essa è stato mantenuto nella *Manticora di Onward* – e in tutte quelle che l'hanno succeduta in termini cronologici?

Ancora una volta, torniamo a Plinio il Vecchio e alla sua *Naturalis Historia*: per presentarci questa mitica creatura, l'autore ci narra di Ctesia di Cnido, storico greco che visse per anni in Persia, prima come ostaggio e poi come medico di corte presso il sovrano Artaserse II, intorno al 400 a. C. Il suo capolavoro è costituito dai *Persiká*, una storia del Medio Oriente in più volumi, cui faceva da corredo un singolo volume, chiamato *Indikà*, che forniva per la prima volta al mondo greco una descrizione "naturalistica" dell'India in cui, accanto alle tigri e alle scimmie, si trovano sciapodi, cinecefali e manticore.

Non stupisce, pertanto, la meraviglia che deve aver suscitato questo esotico compendio nel mondo classico: l'oriente è sempre stato, per la

La Manticora Vorace
Bestiario Harley
Wikimedia Commons

cultura europea, una fonte inesauribile di stupore e interesse e le creature più o meno fantastiche che popolavano queste terre lontane e misteriose, hanno lasciato un'impronta profonda nell'immaginario collettivo, tanto che molte sono giunte fino a noi nella loro forma originale, senza che il tempo e la stratificazione culturale ne intaccassero aspetto e attributi.

La *"mantichora"* (dal persiano *merthykhuwar* o martiora, letteralmente *"mangiatore di uomini"*) appartiene a questa alquanto ristretta, in realtà, categoria di creature. Brunetto Latini ce la descrive così nel suo *Trésor*:

"face d'ome et color de sanc, iauz janes, cors de lion, coe d'escorpion, et cort si fort que nulle beste puet eschaper devant it".

Un quadrupede, quindi, dal pelo rosso sangue, molto simile per dimensione e struttura al leone, con volto umano e occhi giallo oro. La sua voce è molto musicale e melodiosa, simile nel suono al flauto, ma con timbro chiaro e sonoro, più affine alla tromba, ma a dispetto della soavità del suo verso e del suo "viso", la mangiatrice di uomini possiede tre file di zanne fitte come i denti di un pettine e la sua fame di carne umana pare essere insaziabile.

Il suo appetito viene accentuato in quasi tutte le sue descrizioni, così come la sua spietatezza – oltre che alla velocità. Bartolomeo Angelico, nel suo *De proprietatibus rerum*, arriva ad affermare: *"inter omnes bestias terrae nulla cruelior, nulla monstrosior invenitur"*, letteralmente *"tra tutte le bestie della terra non ve n'è di più crudele, nessuna più mostruosa"*.

Probabilmente questa affermazione deriva dalla diceria (non tramandata per iscritto, se non in epoche più tarde, ma evidentemente non del tutto ignota all'uomo medievale), secondo cui la manticora non lasciasse alcuna traccia delle sue vittime, nemmeno una goccia di sangue sul terreno. Il suo privare i familiari delle spoglie della vittima, era una forma di crudeltà doppia: da un lato derubava la famiglia di una salma da piangere, dall'altro impediva alla preda di risorgere nel suo corpo, quando fosse giunto il giorno del giudizio.

Il gradevole volto umano della bestia pare essere il suo principale strumento di caccia: essendo essa un predatore d'agguato, si nasconde tra la fitta vegetazione delle giungle, lasciando visibile solo la testa, e attira col suo canto melodioso – quasi alla stregua di una sirena omerica – gli ignari passanti, i quali, dopo essere caduti vittima del vile tranello, si avvicinano a lei incuriositi, ritrovandosi poi a dover fare i conti con la sua temibile dentatura e al suo tristemente famoso appetito.

Possiede inoltre una coda di scorpione, dotata non solo di pungiglione venefico all'estremità, ma anche di una serie, non meglio precisata, di aculei spessi come una corda e lunghi un piede, velenosi quanto il pungiglione, che è in grado di scagliare contro le proprie prede o contro eventuali cacciatori (a quei tempi la stessa cosa si diceva potessero fare, erroneamente, gli istrici). Pare che solo l'elefante (animale da sempre ammantato di valenze positive in occidente, ma venerato in modo particolare in India, patria sia della manticora che del dio Ganesha) fosse immune al suo veleno.

Gli *Indikà* ci dicono, a tal proposito, che era uso comune degli indiani rompere suddette code ai cuccioli di manticora, quando ne trovavano, giacché pareva che una menomazione alla coda impedisse alla creatura di crescere, rendendola così minuta e inoffensiva per il resto della sua esistenza.

La manticora, come detto in precedenza, non venne particolarmente intaccata dagli usuali significati metaforici e dottrinali della religione cristiana, anche se il suo peculiare stile di caccia basato sull'inganno le è valso in qualche caso un'associazione non troppo velata con la frode, tanto che alcune sue caratteristiche, in particolare il volto e la coda di scorpione, hanno ispirato Dante per la creazione di Gerione, guardiano delle Malebolge, dove subiscono il tormento

eterno i fraudolenti.

"La faccia sua era faccia d'uom giusto,/tanto benigna avea di fuor la pelle" afferma il Sommo Poeta, nel Canto XVII, descrivendo il mostro che lo caricherà sul dorso insieme alla sua guida per permettergli di proseguire la discesa negli inferi: un volto gentile, molto utile quando si tratta di ingannare il prossimo, in netto contrasto con *"la coda aguzza,/che passa i monti e rompe i muri e l'armi!"* che aveva avvistato Virgilio non appena lui e il suo protetto avevano varcato il limite dell'ottavo cerchio, e che il Poeta descrive nuovamente più avanti nel Canto, quando nota che *"Nel vano tutta sua coda guizzava,/torcendo in sù la venenosa forca/ch'a guisa di scorpion la punta armava."*
Un altro esempio di manticora nel medioevo si trova, seppure raramente, in alcuni fregi che la raffigurano come attributo del profeta Geremia. Noto per le sue visioni spesso apocalittiche, ave-

va predetto un'invasione da parte di stranieri dal nord (che si rivelarono poi essere i babilonesi di Nabucodonosor II), fatto che in effetti si verificò, provocando la caduta dell'ultimo Regno di Giuda, durante il regno di Re Sedechia (586 a. C.).

Alla luce di ciò, non dovrebbe stupirci più di tanto l'associazione mantiocra-Geremia: sotto certi aspetti (il corpo leonino e il volto umano in primis) la creatura ricorda inequivocabilmente i lamassu, ibride creature tutelari di origine assira largamente diffuse in tutte nel culture dell'area della Mesopotamia antica (raffigurazioni che non dovevano essere estranee nemmeno a Ctesia, che visse a lungo negli stessi luoghi, seppure in epoca successiva) e, pertanto, la si potrebbe facilmente associare agli invasori la cui venuta era stata predetta dal profeta.
Pare perdere però, in questo caso specifico, la sua natura di divoratrice di uomini, tramutandosi in un mero simbolo dello straniero-tiranno babilo-

Manticora inglese
Bassorilievo raffigurante una manticora in una chiesa a Kilpeck, Herefordshire, Inghilterra.
Wikimedia Commons

nese, senza emergere in modo particolare tra le numerose fiere che nel medioevo rappresentano in maniera generica e alquanto acritica, l'avversario di Cristo, o il Peccato, senza accezioni particolari.

Nonostante l'indiscutibile fascino oscuro che emana da questa creatura, la manticora non è una presenza né molto frequente, né particolarmente incisiva all'interno dei bestiari: viene inclusa nelle sezioni dedicate ai grandi animali carnivori, ma le si dedica uno spazio alquanto esiguo, se paragonato a quello riservato ai leoni, alle tigri e alle iene.

Ma la popolarità di cui godeva nel mondo classico, grazie al già citato Ctesia, non era destinata a svanire per sempre: le fonti storiche non smettono di ispirare gli uomini nemmeno in tempi recenti, tanto che nuovo lustro alla manticora (non di rado corredato da un evocativo paio di ali da pipistrello) è stato dato in tempi recentissimi

grazie ad alcuni capisaldi della cultura pop: primo tra tutti il franchise di *Dungeons & Dragons*, seguito poi dalle saghe letterarie come quella di *Harry Potter* e di Percy Jackson, per approdare poi, come detto in apertura, in casa Disney.
Una creatura piena di risorse, capace di reinventarsi e affascinare popoli di ogni epoca. ✦

Lamassu
Esempio di lamassu assiro conservato al Museo del Louvre.
Wikimedia Commons

Le Essenze

di Bruna Fiorini & Sofia Verco

Le essenze, che tanto ci affascinano, responsabili del profumo delle officinali e delle resine da esse prodotte, sono il risultato di un metabolismo (secondario) che non porta alla formazione di composti fondamentali alla sussistenza dell'organismo, come ad esempio fotosintesi, respirazione, trasporto dei nutrienti, ma che esplicano differenti funzioni.

Il non essere implicati nelle funzioni di base, fa sì che questi composti non siano ubiquitari nel mondo vegetale, ma segregati in taxa specifici, se non in una singola specie.

I metaboliti secondari, sono frutto della capacità di adattamento delle piante stesse, e pensare a quanto ci attirino, potrebbe far supporre che anche l'uomo abbia giocato una parte nel processo di sinestesi di alcune di esse, in una storia di coevoluzione e addomesticamento reciproco. Ma quali possono essere le funzioni di questi composti, considerando l'impossibilità di movimento delle piante?

Le funzioni potrebbero essere:
* **attrazione degli impollinatori,**
* **competizione pianta-pianta,**
* **difesa dagli erbivori,**
* **attività antimicrobica contro i patogeni,**
* **mediazione dei cicli nutritivi:** i metaboliti rilasciati nel terreno fungono da combustibile per i processi di rinnovamento ciclici della flora di una data nicchia ecologica, inoltre regolano il ritmo di decomposizione dei depositi fogliari in modo da massimizzare il recupero dei nutrienti,
* **azione come solvente/vettore per diversi composti:** alla rottura delle cellule deputate a contenere i metaboliti secondari, si ha una dispersione degli stessi sulle superfici attigue, distribuendoli in maniera più omogenea.

I metaboliti secondari, dunque, presentano una grande importanza nei confronti delle interazioni ecologiche tra la pianta e l'ambiente che la circonda, anche se la loro produzione varia da famiglia a famiglia e può concentrarsi in determinati periodi dell'anno.

Dalle numerose sostanze prodotte dal metabo-

lismo secondario, vengono estratti gli oli essenziali. È affascinante pensare che le piante comunichino attraverso le essenze, vi siete mai chiesti cosa vi dica o ricordi il profumo di lavanda o l'aroma balsamico del pino? Nell'articolo precedente abbiamo parlato di distillazione di un olio essenziale, ma come questo avvenga dal punto di vista tecnico è qualcosa che ci riporta molto indietro nel tempo.

Vi sono diversi modi per assorbire gli oli essenziali:

+ **Per inalazione attraverso diffusori e vaporizzatori** che permettono agli oli di essere assorbiti dalle mucose dell'apparato respiratorio che li porterà poi in tutto il corpo. Possiamo anche versarli direttamente su un fazzoletto o sul cuscino;

+ **attraverso massaggi, creme e oli arricchiti con poche gocce di essenza** che penetreranno facilmente e direttamente sulla pelle, l'organo più esteso del nostro corpo;

+ **gargarismi o sciacqui alla bocca;**

+ **bagni caldi aromatici,** versando qualche goccia di olio essenziale nell'acqua della vasca o sul piatto doccia;

+ **usi culinari,dalla preparazione di dolci, bevande, tisane, infusi.**

Alcune accortezze devono tuttavia essere osservate, seppur parliamo di prodotti distribuiti liberamente senza prescrizione medica, vanno osservate alcuni accorgimenti.

Tra le precauzioni da osservare dobbiamo tenere presente che: sono sostanze volatili ed altamente infiammabili, conserviamoli in luoghi freschi e bui in contenitori di vetro scuro; possono risultare irritanti per la pelle come ad esempio la cannella, l'origano, la santoreggia, timo e chiodi di garofano; possono reagire sulla pelle a contatto con la luce del sole (fotosensibilità) provocando eritemi, vescicole o ustioni (bergamotto, limone, arancio); seppure sono rari i casi di reazioni avverse ricordiamo che sono quasi sempre causate dal sovradosaggio o dall'ingestione accidentale, cerchiamo quindi di non abusarne e di acquistare solo oli essenziali di qualità certificata. +

L'AVVOLTOIO

di Aigua Volpargento

Avvoltoio, nome comune di vari generi di uccelli rapaci diurni di grandi dimensioni, è caratterizzato dal becco lungo e ricurvo all'estremità ed unghie uncinate.

In Italia sono note due specie di avvoltoio: l'avvoltoio monaco e l'avvoltoio degli agnelli (di cui fa parte il *Gipeto*, o *avvoltoio barbuto*, che è tornato recentemente a nidificare sulle Alpi e nel Parco Nazionale Gran Paradiso grazie ad un progetto di reintroduzione iniziato negli anni '80 che coinvolge molti Stati Europei).

Per la sua dieta a base di carcasse, l'avvoltoio non ha mai goduto di ottima fama, ed è per questo che è diventato simbolo di morte e portatore di disgrazie.

Diversa la sua considerazione in Egitto: le divinità femminili più importanti recano l'avvoltoio sul capo come Iside, Nekhbet, Nefti, Hathor e Mut. Si riteneva che gli avvoltoi fossero solo femmine e generassero per partenogenesi o fecondate dal vento, erano simbolo di purezza (probabilmente il cibarsi di carogne evitava la proliferazione di malattie), della maternità ma anche di morte e rinascita.

La dea Mut è rappresentata dall'avvoltoio che in egiziano ha il valore fonetico mwt, che significa "madre".

La sua iconografia la presenta anche con indosso un vestito rosso o blu, con ali e copricapo a forma di avvoltoio. Quest'ultimo sormontato dalla doppia corona dell'Alto e del Basso Egitto, con in mano l'*ankh* (la chiave

della vita) e con la piuma della dea Maat ai suoi piedi. A lei venne dedicato un luogo vicino a Tebe.

Nell'antichità non esistevano solo due tipi di rituali funebri, la cremazione e l'inumazione, ma vi era anche la scarnificazione (non universalmente praticata), in cui il defunto era esposto in un luogo isolato alla mercè degli animali spazzini e degli agenti atmosferici. Il defunto è un essere "impuro" in quanto il corpo si disgrega dall'interno, la struttura si sfalda in modo inesorabile, e la dissoluzione dei confini con l'esterno è totale.

Il cadavere è una contraddizione evidente al modello dell'ordine, è l'immagine di una distruzione esplicita e inarrestabile e trascende ogni classificazione sociale.

L'impurità del morto diminuisce quando il processo di putrefazione ha consumato tutta la carne e raggiunto lo scheletro. Le ossa rappresentano una realtà stabile e classificabile. La decomposizione richiama simbolicamente il disgregarsi delle strutture sociali abbinate al corpo e il consumarsi delle relazioni tra i defunti e i vivi. Ma lo scheletro, oltre a poter causare orrore e repulsione, può avere qualità positive poiché rappresenta la struttura fondamentale della vita.

"Nella simbologia archetipica, le ossa rappresentano la forza indistruttibile. Non si lasciano facilmente ridurre, per la loro struttura è difficile bruciarle, quasi impossibile polverizzarle."
(Pinkola-Estés)

Quindi, quando finalmente il corpo cessa di esistere, quando la Dea avvoltoio "afferra l'anima", c'è la promessa di una rinascita.

«*Diretta connessione tra l'avvoltoio e la morte sui dipinti parietali dei santuari di Çatal Hüyük. Di queste rappresentazioni la più antica si trova sulla parete orienta-* *le di un tempio nel Livello VIII, 8, dove grandi avvoltoi attaccano un essere umano apparentemente senza vita e con le braccia distese"*»
(Gimbutas)

Nella mitologia troviamo le Arpie, donne con gli arti di uccello, di solito quelli di un avvoltoio, e anche loro uccidono gli esseri umani o si cibano di carogne. In epoca ellenistica e medievale rappresentavano l'ossessione, l'incubo.

"La donna/uccello – così interpreta Harrison – divenne una demone della morte, un'anima inviata a prendere un'anima."
(Gimbutas)

Il gipeto (*gypaetus barbatus*), o avvoltoio degli agnelli, volava sulle Alpi ma la persecuzione da parte dell'uomo lo aveva fatto estinguere agli inizi del 1900. Adesso alcuni gipeti sono tornati a volare nei cieli alpini supportati anche da un progetto di reintroduzione.

Nella *Saga dei Fanes*, una saga epica e mitica che ha luogo nelle Dolomiti (raccolta e riscritta da Carlo Felice Wolff), la famiglia della regina da tempo aveva stretto un'alleanza con le marmotte. Quando sposò un uomo straniero (che poi divenne re), non accennò al suo sposo questa alleanza della famiglia reale, così il re un giorno incontrò un'aquila fiammeggiante con la quale strinse un'alleanza scambiandosi i figli.

«*Il termine ladino, o pseudo-ladino, varjul, tradotto da Wolff come "aquila", indica in effetti un avvoltoio, precisamente il gipeto. [...] Nelle Dolomiti esistevano un tempo due diverse specie di avvoltoio, il già nominato gipeto (detto anche avvoltoio-aquila perché tra gli avvoltoi, il più simile all'aquila) e il grifone (Gyps fulvus), l'avvoltoio per anto-*

nomasia (pare che di recente anche questa specie sia stata reintrodotta anch'essa — molto silenziosamente — nelle Dolomiti). [...] è possibile che in origine ci fosse una corrispondenza biunivoca tra nomi ed uccelli, e che solo recentemente, anche in seguito all'estinzione di due di questi, si sia cominciato a confonderli?»
(Vanin)

Per i pascoli e le pietraie delle Dolomiti potevano essere viste le Yemeles, due bambine gemelle, ancelle della Regina Samblana (Regina delle nevi sulle Dolomiti), che avvisavano gli esseri umani (in particolare i pastori) di una imminente disgrazia (frane, tempeste) o quando il gregge poteva essere in pericolo sotto l'occhio del gipeto, oppure cercavano di accecare con uno specchietto le poiane e salvare le greggi. ◆

KRAMPUS

IL LATO OSCURO DEL NATALE
TRA FOLKLORE E CINEMA

di Lorenzo Ferretti

Secondo la mitologia cristiana, quest'entità leggendaria sarebbe un demone sconfitto da San Nicola e per questo condannato a servirlo. Il nome del mostruoso Krampus (o Krampa al femminile) si traduce in "morto" (dal bavaerese krampn) oppure in "artiglio" (dal tedesco kramp).
La figura del mostruoso Krampus, d'aspetto animalesco e avvolto in stracci logori, è da secoli parte integrante del folklore di varie aree europee di lingua tedesca
(come Germania, Austria, Svizzera, Croazia, Slovenia, Trentino-Alto Adige e Friuli-Venezia Giulia).
Si ritiene che questa particolare tradizione risalga addirittura al periodo pre-cristiano e che sia legata al solstizio d'inverno.
È durante la cosiddetta "Krampusnacht", il cinque dicembre, che gruppi di questi demoni si aggirano per i villaggi scuotendo campanacci e catene e frustando la gente mentre vanno a caccia di bambini "cattivi".

Questa tradizionale sfilata in maschera precede la festa di San Nicola, vescovo di Myra, che, seguito dai mostri, guida la processione distribuendo dolci e piccoli regali ai paesani. La figura del Krampus non viene ricordata soltanto in Europa ma è approdata persino in Nord America, dando vita a svariati eventi a tema in giro per le città del Paese.
Nel corso del tempo, così come San Nicola si è "reincarnato" in Santa Claus, anche il Krampus è riuscito a guadagnarsi un ruolo, seppur talvolta marginale, all'interno del folklore contemporaneo comparendo di tanto in tanto in film, romanzi e videogiochi come una versione oscura di Babbo Natale, una sorta di grosso caprone antropomorfo talvolta vestito proprio come il buon Santa Claus, che invece di distribuire doni si occupa di raggiungere e punire i bambini "cattivi" o chi perda "lo spirito del Natale". Sono queste le premesse di film horror come *Krampus: the Christmas Devil* del 2013, diretto da Jason Hull, nel quale toccherà ad un poliziotto battersi contro il mostro che rapisce i bambini "cattivi". Nel 2016 il film ha ottenuto anche un seguito, *Krampus: The Devil Returns*.
È invece del 2015 la commedia-horror *Krampus,* film diretto da Michael Dougherty (che

nel 2019 dirigerà anche Godzilla: *King of the Monsters*). I protagonisti di questa pellicola, giunta in Italia con l'opinabile sottotitolo *"Natale non è sempre Natale"*, sono i membri di una famiglia qualsiasi riunitasi per trascorrere le feste insieme: il figlio minore, Max, crede ancora in Babbo Natale e per questo viene preso in giro. Dopo una lite, il bambino strappa la sua letterina ed un'improvvisa tormenta causa un black out in tutta la zona. Da qui in poi, la famiglia viene tormentata da un essere misterioso che solo Omi, nonna paterna di Max, tedesca d'origine, riconosce come il Krampus, un'entità oscura che punisce chi perde *"lo spirito del Natale"*.

Come d'abitudine in questi film, la storia della nonna non viene presa sul serio e i protagonisti si ritrovano loro malgrado a lottare per sopravvivere agli agguati di pericolosi pupazzi a molla, omini di pan di zenzero viventi e orde di giocattoli assassini. In un terzo film, un horror americano sempre del 2015 intitolato *Krampus: The Reckoning*, scritto e diretto da Robert Conway, il demone del Natale non appare come un "vendicatore" del Natale ma agisce come un vero e proprio strumento di morte nelle mani della protagonista, Zoe Weaver, una ragazza che lo evoca tramite il vudù per punire chi le ha fatto del male, come i genitori adottivi. Il 2015 è stato un buon anno per il vecchio Krampus, che è stato protagonista anche del convincente *A Christmas Horror Story*, un film horror canadese antologico diretto da Grant Harvey, Steven Hoban e Brett Sullivan. A queste hanno fatto seguito altre pellicole horror, direct-to-video, come: *Krampus: Unleashed* (2016) nel quale il mostro è racchiuso all'interno di una pietra magica; i due *Mother Krampus* (2017, 2018) basati sulla figura della strega *Frau Perchta*; *Krampus: Origins* (2018) nel quale la comparsa del mostro è ancora una volta collegata ad un mistico artefatto e *Slay Belles* (2018) nel quale tre cosplayer si alleano con Babbo Na-

tale per sconfiggere il demone.

Il caro vecchio Krampus compare anche in libri, serie tv, e videogiochi: è dipinto come un demone ingannatore nemico del moderno Santa Claus nel romanzo fantasy *Krampus: The Yule Lord* (2015) di Brom; è presente in *Klaus* (2015-2016), graphic novel di Grant Morrison che racconta Babbo Natale come fosse un supereroe, trasformandolo in uno sciamano nel sedicesimo secolo; è al demone del Natale che si rifà anche un serial killer in costume nella serie tv tedesca-austriaca del 2019 *Pagan Peak* (ispirata alla danese-svedese *The Bridge* del 2011); compare nelle serie *Grimm* e *Supernatural*; è un boss da battere nello sparatutto arcade *CarnEvil* (1998) e nel rogue-like *The Binding of Isaac: Rebirth* (2014).

Il Krampus è dunque ancora presente sia nel folklore sia sugli schermi: c'è chi se ne dimentica, chi nemmeno sa della sua esistenza e ne ignora la storia, ma il doppio oscuro di Santa Claus è sempre lì, alle spalle del portatore di doni: non viene alla luce ma lo segue, attende nell'ombra che i camini si spengano, che le luci colorate dell'albero smettano di brillare. Attende, sempre pronto ad avvolgere il Natale nell'oscurità e a spuntare nomi dalla sua lista di bambini cattivi.

Uno dopo l'altro. ✦

Felice Yule e Buon Anno Nuovo!

dalla Redazione di
Luna Nuova Magazine

BIBLIOGRAFIA

✦ CECILIA TANCHETTI & VALENTINA FRER ✦ L'ERBA VOGLIO
L'ABETE ROSSO

K. H. Kubeczka, W. Schultze. *Biology and chemistry of conifer oils*, Wiley Online Library, 1987

S. Wu &co, *Analysis of Chemical Composition of Turpentine in Pinus kesiya var langbianensis*, Journal of West China Forestry Science, 2009

✦ GAMALIELE VACCARI ✦ IL FARO DI ANDROMEDA
IL GRANATO, UN DONO DI YULE

La Voie des Pierres et des Cristaux, Lithothérapie Bioénergétique; Regina Martino; Ambre Editions.

✦ CHIARA COMANI ✦ TRA I MONDI
L'ALBERO DI NATALE

E. Buonanno, *Falso Natale*, UTET, 2022

F. Hageneder, *Lo Spirito degli Alberi*, Crisalide, 2001

✦ MORGANA MARCO VETTOREL ✦ CAFFÈ CON LA STREGA
LE TREDICI NOTTI SACRE

Pagina Facebook: Stregoneria tradizionale: Paganesimo Medievale e dell'Età Moderna.

Bellosi G. Baldini E., Halloween. *Origine, significato e tradizione di una festa antica anche in Italia* ,società editrice "il Ponte Vecchio", 2015;

Cattabiani A., Calendario. *Le feste, i miti, le leggende e i riti dell'anno*, Mondadori, 2014.

Fattore R., Feste pagane. *Alla riscoperta della ruota dell'anno e della dimensione ciclica del tempo*, Macro Edizioni, 2004.

Frazer G. J., Il ramo d'oro. *Studio sulla magia e la religione*, Newton Compton Editori.

Kondratiev A., Il tempo dei Celti. *Miti e riti: una guida alla spiritualità celtica*, Urra Edizioni, 2005.

Scott D., I giardini incantati. *Le piante e la magia lunare*, Venexia editrice, 2006;.

✦ MILA FOIS ✦ IL SENTIERO DEL MITO
NELLA NOTTE DI YULE...

Grettis saga Ásmundarsonar

Hálfs saga ok Hálfsrekka

Heimskringla, Snorri Sturluson

Hrólfs saga kraka

✦ T. BOONS ✦ DE NATURA BESTIARUM
LA MANTICORA

G. Ledda, *Il Bestiario dell'Aldilà. Gli Animali nella Commedia di Dante*, Ravenna, Longo Editore, 2019

Plinio il Vecchio, *Storie Naturali*, Milano, BUR, 2011

D. Alighieri, *Commedia - Inferno*, Milano, Garzanti, 2007

M. Pastoreau, *Bestiari del Medioevo*, Torino, Einaudi, 2012

M. Pastoreau, *Medioevo Simbolico*, Bari, Laterza, 2019

D. Chiolero, *Il Bestiario del Trèsor di Brunetto Latini*, Urbino, Il Cerchio, 2022

F. Zambon, *Bestiari tardoantichi e medievali. I testi fondamentali della zoologia sacra cristiana*, Milano, Bompiani, 2018

✦ BRUNA FIORINI & SOFIA VERCO ✦
LE ESSENZE

Paoluzzi L., *Psico Aromaterapia*, Padova, Goprint Edizioni, 2021.

Paoluzzi L., *Aromaterapia – ieri, oggi, domani*, Terni, Morphema Editrice, 2019.

Savo L., *Profumi di benessere*, Limena, Daigo press, 2005.

Valussi M., *Il grande manuale dell'aromaterapia*, Milano, Tecniche Nuove, 2015.

♦ **AIGUA VOLPARGENTO** ♦ **ANIMALI INTORNO A NOI**
L'AVVOLTOIO
Pinkola Estés C., *Donne che corrono coi lupi*, Frassinelli, Milano, 2011, p. 12.

Gimbutas M., *Il linguaggio della Dea*, edizioni Venexia, Roma, 2008, p. 187.

Vanin A., *Il regno dei Fanes. Analisi di una leggenda delle Dolomiti*, il Cerchio srl, Rimini, 2013, pp. 147-148.

LUNA NUOVA MAGAZINE • NUMERO 19 • DICEMBRE 2023

DIREZIONE Monica Casalini
CAPO REDATTORE Monica Petronzi
DIREZIONE ARTISTICA E IMPAGINAZIONE Ilalila
REDAZIONE Chandani Alesiani, Federica Bandinu, Elisabetta Barberio, Monica Casalini, Valentina Casella, Chiara Comani, Laura De Rosa, Patrizia Ferlini, Greta Fogliani, Mila Fois, Valentina Frer, Ilalila, Alessandra Lunesu, Monica Petronzi, Alice Rancati, Thordis Elena Salatin, Sopedet, Cecilia Tanghetti, Gamaliele Vaccari, Francesca Romana Valente, Lilura Valtarin, Maya Vassallo Di Florio, Sofia Verco, Morgana Marco Vettorel, Emanuele Viotti, Aigua Volpargento.
ILLUSTRAZIONE
Erika Asphodel, Sabrina Cinotti, Cristiana Fumagalli, Alice Guidi, Ilalila, Marika Michelazzi, Martina Scarlata, Carolina Viaro
FOTOGRAFIA
Ilaria Massariol, Isabella Quaranta
AREA WEB Cristian Pedrani

www.lunanuovamagazine.it
è un'idea di
MONICA CASALINI
www.calendariopagano.it

IN COPERTINA:
Foto di Florian Marette su Unsplash
Si ringrazia:
Freepik.com • Pixabay.com • Vecteezy.com • Pexels.com • Rawpixel.com • Unsplash.com
Immagini di pubblico dominio.
Altre foto appartenenti ai rispettivi redattori.

Seguici anche su Instagram:
@lunanuovamagazine
redazione@lunanuovamagazine.it
adv@lunanuovamagazine.it

Printed in Great Britain
by Amazon

32563425R00046